Camillo Morgan, Fritz Burger

Nassr-Eddin Schah und das moderne Persien

Camillo Morgan, Fritz Burger

Nassr-Eddin Schah und das moderne Persien

ISBN/EAN: 9783742870902

Hergestellt in Europa, USA, Kanada, Australien, Japan

Cover: Foto ©Thomas Meinert / pixelio.de

Manufactured and distributed by brebook publishing software
(www.brebook.com)

Camillo Morgan, Fritz Burger

Nassr-Eddin Schah und das moderne Persien

Nassr-eddin Schab.

NASSR-EDDIN SCHAH

UND DAS

MODERNE PERSIEN.

EINE POPULÄR-WISSENSCHAFTLICHE DARSTELLUNG

VON

CAMILLO/MORGAN UND FRITZ BURGER.

MIT EINEM VORWORTE EINGELEITET VON

P. v. MELINGO.

ILLUSTRIRT VON **WERNIGK.**

R. von Grumbkow

Hof-Verlag Dresden

1889.

Inhalt.

Seite

Vorwort 5

  I. Nassr-eddin Schah und seine Reformbestrebungen . . . 11

 II. Die Haupt- und Residenzstadt des persischen Reiches
     nebst den Sommerresidenzen des Schah 20

III. Persiens gegenwärtige Staatsform und militärische Ver-
     hältnisse 27

 IV. Glorreiche Momente aus der Geschichte Neu-Persiens . 34

  V. Die Religionen und Secten in Persien 41

 VI. Persien in seiner culturellen Bedeutung 49

VII. Das Haus- und Familienleben der Perser 57

VIII. Persiens Bodenproduction, Viehzucht und Fauna . . . 69

 IX. Persiens Handels-, Verkehrs- und klimatische Verhältnisse 79

  X. Die Reisen des Schah 87

Vorwort.

Die ungeheure Entwicklung der Weltcultur in dem Jahrhunderte, welches verflossen ist, seitdem die französische Revolution mit Strömen von Blut den Boden zu düngen begann, auf dem eine neue Gestaltung der Dinge herrliche Blüthen materieller und geistiger Entwicklung zur Entfaltung gebracht, hat, namentlich in neuerer Zeit, in der man gelernt hat, selbst die grössten Entfernungen nicht mehr zu beachten, die Folge gehabt, dass auch solche Länder, die früher der näheren Kenntnis und dem wärmeren Interesse der modernen Culturvölker verhältnissmässig ferne standen, uns nahegerückt, der Forschung eröffnet, der Kritik preisgegeben wurden.

Namentlich der Orient — im weitesten Sinne des Wortes — war es, dem sich die durch zahllose alte Verbindungen bereits lebhaft angeregte Aufmerksamkeit in hohem Masse zu-

wendete. Da geschah nun etwas Eigenthüm-
liches: man studirte, man forschte — aber
nicht das Moderne, das Gleichzeitige war es,
mit dem man sich zunächst befasste; die Ver-
gangenheit, die Spuren jener grossen Cultur, die
dem europäischen und dem asiatischen Orient
vom Alterthume bis an die Grenzen der neueren
Zeit zuerst zur Weltherrschaft und dann wenigstens zu einer, wenn nicht unbestrittenen, so
doch noch immer massgebenden Stellung im
Völkergetriebe verhalfen, nahmen die Aufmerksamkeit gefangen, und vielfach gewöhnte man
sich daran, den m o d e r n e n Orient als etwas
Verfallendes und Verfaulendes zu betrachten,
als einen Theil des Weltalls, der nimmer zur
alten Höhe sich aufzuschwingen vermöge, als
einen Riesen, dessen Kraft endgiltig gebrochen.

Aber man irrte. Die belebende Anregung
abendländischer Bildung, mit der wir zurück-
gaben, was wir einst aus dem Osten empfangen,
blieb dort nicht ohne Wirkung, und in den
letzten Jahrzehnten hat man erkennen gelernt,
dass der Orient noch Elemente genug besitzt,
die im Stande sind, ihn einer neuen Cultur-
entwicklung zuzuführen. Wie in Europa die
Balkanländer, an ihrer Spitze das mächtig empor-

blühende Griechenland, so haben — ganz abgesehen von jenen grossen Länderstrecken, in
welche europäische Colonisirung neues Leben
und moderne Cultur brachte — im fernen Osten
zwei riesige Reiche, Japan und Persien, gezeigt,
dass den Völkern des Orients die Fähigkeit
nicht mangelt, mit eigener Kraft sich aus einer
Jahrhunderte langen Versunkenheit empor zu
ringen, zum würdigen Anschluss an die Cultur-
länder der heutigen Welt.

Speciell für Oesterreich war dies von grösster
Wichtigkeit; ist es doch gerade dieser Staat,
welcher berufen erscheint, die Länder des Ostens in
diesen ihren Bestrebungen nach Kräften zu fördern.
Auch im Oriente erkannte man dies und besonders von Seiten Persiens wandte man sich oft
und gerne dahin, wenn es galt, mit gutem Rathe
und thatkräftigem Eingreifen tüchtiger Fach-
männer die Absichten jenes Herrschers, dem
dieses Reich den Anschluss an moderne Cultur
und Civilisation zu danken hat, des regierenden
Monarchen, Nassr-eddin Schah, zu unter-
stützen. Die Beziehungen zu dem Sonnenlande
wurden dadurch immer regere, das Interesse
und die Theilnahme weiter Kreise immer nachhaltiger und heute, wo sein Fürst zum dritten

Male in kaum mehr als fünfzehn Jahren tausende
von Meilen zurücklegt, um aus eigener Anschauung neue Anregungen zu schöpfen für die
hohe Culturaufgabe, die er sich gestellt, bringt
man seinem Streben auch ausserhalb des engen
Kreises der näher Eingeweihten und der genauen
Kenner der Verhältnisse wärmste Sympathie
entgegen.

Diese Sympathie ist aber oft noch eine rein
instinctive, ist jene, die jeder warmherzige Mensch,
wenn er ernstes, unentwegtes Bemühen nach
einem edlen Ziele sieht, auch dann empfindet,
wenn ihm die dasselbe fördernden oder hin-
dernden Umstände nicht bekannt sind. Die
Bekanntschaft mit denselben dem grossen Publicum zu vermitteln, zu zeigen, wie die Dinge
liegen, welche Schwierigkeiten sich dem Monarchen in der Ausführung seiner Reformations-
ideen entgegenstellten, darzulegen, was erreicht
wurde und was noch zu erreichen ist, ist die Aufgabe, die sich die Autoren des vorliegenden
Werkchens gesetzt. Nicht etwa, dass über Persien von Berufensten nicht schon Ausgezeichnetes wäre geschrieben worden, die Litteratur
ist reich daran: es handelte sich aber darum,
dem lesenden Publicum ein Mittel an die Hand

zu geben, sich in Kürze zu orientiren, es in Stand zu setzen, sich ein Urtheil über das moderne Persien zu bilden, ohne dass es erst dickbändige Werke durchzustudieren brauchte. Diese Absicht ist, glaube ich, erreicht worden. Wie bei einer Wandeldecoration sieht der Leser in buntem Wechsel die Darstellung der für Persien wichtigsten Momente vor dem geistigen Auge vorüberziehen, er vermag zu beurtheilen, wie rastlos und unermüdlich der mächtigste Mann Persiens, Nassr-eddin Schah selbst, gegen Vorurtheil und Aberglaube ankämpfen musste, um die geplanten Reformationen und Verbesserungen einleiten zu können, er kann erkennen, dass der auszeichnende Empfang, der dem Fürsten aus dem Morgenlande jetzt allerorts bereitet wird — ein Empfang, der, wenn Nassr-eddin Schah in allernächster Zeit in Wien eintrifft, gewiss nicht minder warm sein wird, als in St. Petersburg, in Berlin, in London, in Paris — ein wirklich wohlverdienter ist und nicht blos das einfache Befolgen einer Regel höfischer Etiquette.

Wien, im August 1889.

P. v. Melingo.

I.

Nassr-eddin Schah und seine Reformbestrebungen.

Schwer lagert die Nacht orientalischer Versumpftheit über den aller abendländischen Cultur principiell feindlich gegenüberstehenden zahlreichen Völkerschaften Central-Asiens. Es muss als eine culturgeschichtlich hochinteressante Erscheinung unserer Tage bezeichnet werden, inmitten solcher, an der Spitze eines nach Millionen Einwohnern zählenden, auf eine Jahrtausende alte Cultur zurückblickenden, aber seit Jahrhunderten in gänzlichem Stillstande entnervten Staatswesens, einen Herrscher erblicken zu können, welcher nach traurig verlebter Jugend, selbst in den Vorurtheilen und unglücklichen Verkehrtheiten seines Heimatlandes aufgewachsen, aus eigener Energie und unbeugsamer Thatkraft sich über diese hinweggesetzt, alle seine Zeitgenossen im eigenen Lande an scharfem, staatsmännischen Geiste in unsagbarer Weise überragend, redlich bestrebt ist, seinem Lande die Segnungen moderner Cultur zu beschaffen, seine Völker zufrieden und glücklich zu sehen.

Nassr-eddin Schah, im Jahre 1830 geboren, im Jahre 1848 zur Regierung gelangt, war niemals in der

Gunst seines Vaters gestanden und konnte sich, fern dem königlichen Hofe, keineswegs einer glücklichen Jugend, ja nicht einmal einer sehr sorgfältigen Erziehung erfreuen. Unter geradezu drückenden Verhältnissen vor seiner Thronbesteigung lebend, war er gezwungen gewesen, erst im reiferen Alter durch unermüdliche Studien nachzuholen, was man an ihm während der sonst der Ausbildung gewidmeten Lebensjahre in geradezu freventlicher Unterlassung gesündigt, und verdient es um so höhere Bewunderung, ihn, allen widrigen Verhältnissen zum Trotze, nunmehr mit selbst nach europäischen Begriffen weltmännischer Bildung und hohem Geistesfluge für die geistige und materielle Wohlfahrt seines Landes in jeder Weise energisch eintreten zu sehen. Mit einer gewinnenden körperlichen Aussenseite und in allen Zügen scharf ausgeprägten hohen Geistesgaben ausgestattet, von ungewöhnlichem Feuer in allem seinen Thun und Lassen, namentlich wo es gilt, Verbesserungen in seinem Lande anzustreben, muss der Schah, eine imposante, wahrhaft königliche Erscheinung, von allen Grossen seines Reiches, von Europäern sowie Eingebornen, mit vollem Rechte als der Mann betrachtet werden, der sich in der That und mit ganzer Seele die Hebung seines Landes, die Verbesserung der wahrhaft trostlosen Lage seines Volkes zur Lebensaufgabe gestellt hat, diese Aufgabe redlich und mit allen Kräften zu erfüllen bestrebt ist, und wird die Geschichte wohl nicht ermangeln, ihn den bedeutendsten Regenten aus dem Kadscharenstamme beizuzählen.

Wie hoch die wahrhaft edlen Bestrebungen Nassr-
eddins für Reformirung seines Landes zu veranschlagen
sind, davon vermag man sich wohl erst ein Bild zu schaffen,
wenn man erwägt, einen wie schweren Kampf der
Monarch für jeden seiner Pläne gegen die diesen nicht
günstig gesinnten, namentlich die priesterlichen, Grossen
seines Reiches, gegen den unvernünftigen, im hohen Grade
auch in eigennützigen Zielen ruhenden Conservatismus
der einflussreichen seiner Unterthanen zu kämpfen hat,
und wie viele seiner besten Absichten er in diesem
Kampfe scheitern sehen muss. Nur nach Ueberwindung
grosser, ihm von dem Emir-al-Muminin, dem Haupte
der Priesterschaft, welchem gegenüber selbst der Schah
sich zu Concessionen geneigt zeigen musste, in den Weg
gelegten Schwierigkeiten, vermochte Nassr-eddin den
Plan seiner in den Annalen der Geschichte Persiens
ganz einzigen, für das Land höchst segensreichen abendländischen Reisen zu verwirklichen. Bereits Ferruch-
Chan hatte es im Auftrage des Schah Jahre lang vor
der ersten europäischen Reise desselben unternommen,
diplomatische, sowie handelspolitische Beziehungen mit
den wichtigsten europäischen Staaten anzuknüpfen, und
waren seine Bestrebungen auch von gutem Erfolge gekrönt, da man ihm überall in bereitwilligster und thatkräftiger Weise entgegenkam. Schaaren von Officieren,
Künstlern und Handwerkern wurden bewogen, nach
Persien zu reisen, abendländische Culturverhältnisse
daselbst anbahnen zu helfen; belgische, italienische,
preussische Gesandtschaften gingen an den Hof Nassr-

eddins ab, und ein gelehrter Diplomat des damaligen
Königreiches Preussen, Baron Minutoli, war es, welcher
sogar in Erfüllung seiner hohen Mission während einer
wissenschaftlichen Expedition nach dem Süden Persiens
in Folge der hier herrschenden verpesteten Lüfte sein
Leben aushauchte. Wenige hunderte Schritte von den
Gräbern Hafis und Saadis entfernt, schläft er in Schiras
den letzten Schlaf.

Die grossen, nachhaltigen Reformwerke kamen
aber erst in Fluss, als der Schah selbst, den
europäischen Continent bereisend, aus eigenster Anschauung das Heil abendländischer Civilisation erkennend,
sich einen Kreis erlesener Männer erwählte, welche er
zu sich berief, um das, was er in Europa an gross-
artigen, weltbewegenden Einrichtungen so hoch schätzen
gelernt, in seinen Landen zu gleicher Entfaltung zu
bringen. Bleibende diplomatische Verbindungen wurden
nun mit allen europäischen Staaten und im Lanfe der
Jahre sogar mit Amerika angeknüpft und deren rege
Unterhaltung von Seite Persiens erbeten, Handels-
verträge wurden abgeschlossen und eifrigst an die Reformen im Innern des Landes geschritten. Das Münz-
wesen — man hatte bisher nur rohe, mit Handwerk-
zeugen ausgeschlagene Münzen, welche den Eindruck aus-
gegrabener alter machten — wurde geregelt und abendländische Prägung unter der Leitung eines österreichischen Bergrathes als Münzdirector mit gutem Erfolge
eingeführt; ein geregeltes Postwesen, eine bisher in
Persien gänzlich unbekannte Sache, im Innern des
Landes und im Verkehre nach Aussen hin, sogar mit

Eintritt in den allgemeinen Weltpostverein, sowie Telegraphenverbindungen nach allen Ländern hin, abermals unter Leitung eines österreichischen Postrathes errichtet, wie überhaupt im Allgemeinen der Schah zu Culturmissionären für seinen Staat mit Vorliebe Oesterreicher erwählte, zu welchem Lande und seinem Monarchen er sich in besonderer Weise hingezogen fühlte. Grosse Reformen wurden auch auf dem Gebiete des Heerwesens durch Schulung der Truppen, Einführung neuer Waffen, Ausbildung in den strategischen Wissenschaften durchgeführt, und waren die europäischen Culturbringer in der Lage, auf allen in Betracht kommenden Gebieten die Bildungsfähigkeit der Perser, ihre Geschicklichkeit zu jeder nur erdenklichen Verrichtung in bester Weise kennen zu lernen.

Mirza-Hussein-Khan, zur Zeit der wichtigsten Reformbestrebungen Persiens Premierminister, ein Mann von scharfem Verstande und unermüdlichsten Arbeitskräften, wenn auch höchst abstossendem Aeussern, durch zehnjährigen europäischen Diplomatendienst vollkommen weltmännisch gebildet, stand dem Schah in seinen Plänen thatkräftigst zur Seite, nahm auch als Saderazam, der höchsten Würde, welche Persien an einen Unterthan zu verleihen in der Lage ist, an der ersten Reise des Schah nach Europa Theil, und wiewohl etliche Male durch Intriguen gestürzt, wurde er doch immer wieder vom Schah in seine alten Würden eingesetzt. Aber schon Mirza-Said-Khan, welcher endlich doch an seiner Statt zum bleibenden Nachfolger berufen wurde, war seiner Aufgabe in keiner Weise

gewachsen, ein Feind aller Neuerungen und der Europäer
stand er bereits von allem Anfange an jeder Reform-
bestrebung feindlich gegenüber, zum grössten Unheile
aller solcher, denn die absichtlich mangelhafte Art und
Weise der Ausführung der besten Pläne des Schah durch
die Grossen seines Reiches bis in die weitverzweig-
testen Glieder der Beamtenschaft herab ist es, welche
jene meist von vorneherein lahmlegt. Ein furchtbarer,
geradezu erdrückender Eigennutz, ein Bedachtsein aller
Perser, gleichviel was immer für welcher Gesellschafts-
schichte angehörig, nur einzig und allein auf ihren eigenen
materiellen Vortheil, sie bilden nebst dem sclavischen,
vorurtheilsvollen, abergläubischen Festhalten am Alt-
hergebrachten das Haupthindernis für alle Reformbestrebungen Nassr-eddins. Ein grosser Theil derselben, namentlich auf den Gebieten des Handels, der
Industrie, Kunst und Wissenschaft konnte ungeachtet
aller Hemmnisse dennoch zur Durchführung gebracht
werden, aber der Erfolg müsste ein unvergleichlich
reicherer sein, stünde nicht der Schah mit allen seinen
edlen Intentionen im ganzen weiten Lande inmitten sämmtlicher Würdenträger seines Reiches fast ganz allein, zur
thatsächlichen Ausführung aller seiner Pläne nur immer
auf sich selber angewiesen da.

Werfen wir einen Blick auf das Hofleben des
Schah, so müssen wir es vor Allem hervorheben,
dass es, wiewohl dasselbe seiner hohen Würde im vollen
Masse entspricht, doch kein allzu pompöses und namentlich sehr geregeltes ist. Der Schah, wie schon
erwähnt, ein Mann von wahrhaft blendender Erscheinung

und ungemein kräftiger Körperbeschaffenheit, obliegt
vor Allem mit unermüdlichstem Interesse und nie er-
lahmender Arbeitskraft den grössten Theil des Tages
den Regierungsgeschäften, u. zw. im Birun (Männergemach) seines Palastes, des Abends erst zieht er sich
ins Enderun (Frauengemach) zum Diner zurück, und verlässt sodann dasselbe nicht mehr bis zum Beginne des nächsten Tages. Winters über hält er in seiner Burg zu Teheran
sein Hoflager, beim ersten Erwachen der Natur zieht er
jedoch hinaus in's Freie, von einem seiner Schlösser zum
anderen, in jedem etliche Wochen verweilend bis zum
Hochsommer, welchen er hoch im Gebirge zu verleben
pflegt. Zwischen derlei Fahrten unternimmt der Schah
wohl auch alljährlich weitere Reisen im Inneren seines
Landes. Sein Harem beherbergt nebst den landesüblichen
vier legitimen Frauen noch an circa 80 bis 100 Frauen
minderer Kategorie (sighe), sowie das den Damen zu-
getheilte, unabsehbare weibliche Dienstpersonal, und zählt
die Ausfahrt der königlichen Frauen, ein Convoi von
fast dreissig Wägen in eigenthümlichster Adjustirung,
immer an hundert weibliche Gestalten führend, zu den
charakteristisch interessantesten Erscheinungen der
Hauptstadt des Perserreiches. Vor dem Zuge und nach
demselben werden die plumpen Gestalten der Eunuchen
zu Pferde sichtbar, neben den Wagen jagen laufende
Haremswächter mit Ruthen alles Volk zur Seite und
muss jeder Perser, der dem Zuge begegnet, sich eiligst
umkehren und denselben mit zur Wand gekehrtem
Antlitz an sich vorüber ziehen lassen. Verlässt der Schah
zu Wagen oder Pferde seine Burg, so ertönt vorher

2

ein Kanonenschuss als Verkündigungszeichen, fünfzig
königliche Läufer mit bizarren hohen Papiermützen auf
den Häuptern eilen dem meist mit sechs Schimmeln be-
spannten, gläsernen Galawagen, in welchem Nassr-eddin
zu fahren pflegt, voran, verlassen den Wagen jedoch schon
am Stadtthore, worauf der Schah ein Reitpferd besteigt
und von einer aus etwa 25 Personen bestehenden Suite
begleitet, seinen Weg fortsetzt.

Vormittags findet im Regierungsgebäude (Diwan-
Khance) meist eine Zusammenkunft aller an den Regierungsgeschäften betheiligten Würdenträger und ähnlicher Personen unter dem Vorsitze des Grossveziers bei einem gemein-
schaftlichen Frühmahle statt, nach welchem auch der
Schah alsbald sichtbar wird. Bei den Mahlzeiten zeigt sich
der Schah gleich allen Persern äusserst mässig und auch
seine Vergnügungen sind überaus bescheidene. Jagden
zählen zu seinen grössten Passionen und bilden fast den
grössten Theil des Jahres seine einzige Zerstreuung,
dazwischen veranstaltet man wohl auch, und zwar
zumeist im Frühjahre, glänzende Pferderennen, sowie
im Herbste militärische Manöver, auch Feuerwerke und
militärische Musikaufführungen. Nur am Kurban-
Bairam-Feste zeigt sich der Schah in besonders
prunkvoller Weise. In von Brillanten strotzendem, wahre
Feuergarben sprühendem Festgewande nimmt derselbe,
in offenem Marmorsaale auf dem Thronsessel ruhend,
umgeben von allen Grossen seines Reiches, die Huldi-
gung seiner Unterthanen entgegen, der oberste Richter
erstattet einen öffentlichen Bericht über die Verhältnisse
im Reiche während des abgelaufenen Jahres, worauf

der Schah selbst das Wort ergreift und in einer Rede alle zur Treue gegen ihn und zur Erfüllung ihrer Pflichten auffordert. Dazwischen werden Silbermünzen unter die Versammelten gestreut, worauf sich der Schah unter Kanonendonner wieder in seine Gemächer zurückzieht und sich an diesem Tage nur noch einmal in später Abendstunde von einem anderen Saale aus dem Volke zeigt, unter dasselbe Silbermünzen werfend, um welche, da man ihnen eine besonders glückbringende Bedeutung beimisst, alsbald ein lebensgefährliches Gedränge entsteht.

II.

Die Haupt- und Residenzstadt des persischen Reiches nebst den Sommerresidenzen des Schah.

Teheran, die Haupt- und Residenzstadt des persischen Reiches, von den Persern Dar-el-Khelafeh („Wohnung des Khalifates") genannt, liegt auf einer mehr als zwanzig Meilen langen und zehn Meilen breiten Hochebene unter dem fünfunddreissigsten und sechsunddreissigsten Breitegrade. Es ist erst seit hundert und dreissig Jahren Metropole des Landes, während dies früher Ispahan war. Den Königen aus der Dynastie der Kadscharen, aus der auch der jetzige Schah stammt, lag nämlich die alte Hauptstadt zu tief im Innern des Reiches und zu weit von den Grenzen des türkischen und russischen Nachbarstaates entfernt; sie überliessen daher Ispahan der Verödung und zogen nach Teheran. Tausende vornehmer Perser thaten das Gleiche, um sich stets im Glanze des königlichen Hofes zu sonnen; Haus an Haus wuchs rings um Teheran aus dem Boden empor; und bald war aus dem bisher unbedeutenden Dorfe eine Stadt von einmalhundert und vierzigtausend Seelen entstanden.

Teherans Lage ist eine hochpittoreske. Im Norden
und Osten umgeben es Berge des gigantischen Elbursgebirges, unter welchen der Demavend sein schnee-
bedecktes Haupt bis zu 20.000 Fuss Höhe erhebt; im
Süden und Westen schliessen sich grünbewaldete Hügel
an jene Kolosse an; und erst hinter dieser Umrahmung
dehnt sich die unabsehbare iranische Hochebene aus
mit ihren Steppenflüssen, Oasen und Nomadenansiede-
lungen. Die Stadt zerfällt, ihrer Eintheilung nach, in vier
Vorstädte, unter welchen das Schemiramer-Viertel das
neueste, gesündeste und eleganteste ist. Von demselben
führen zwei breite, gepflasterte Boulevards, welche mit
Ulmen und Platanen bepflanzt sind, nach dem königlichen Palaste, der einen imposanten Anblick gewährt.

Er ist nämlich an und für sich eine Stadt im
Kleinen und besteht aus den unterschiedlichsten, theils
grossen, theils unscheinbaren Gebäuden, um die sich
in weitestem Umkreise die prachtvollsten Gärten aus-
dehnen. Vor dem Hauptthore des Palastes ist eine
Riesenkanone aufgestellt, ein Beutestück aus einem siegreichen Kriege, und neben derselben ist eine Ehren-
wache postirt. Gegen Norden zu liegt eine geräumige
Säulenhalle, wo sich zu Beginn jedes Jahres der Schah
seinem Volke zeigt, und an diese stattlichen Propyläen
grenzt das königliche Theater, ein circusähnlicher Rund-
bau, der keine Decke besitzt, sondern blos, so oft
Vorstellungen in ihm stattfinden, mit Segeltuch über-
spannt wird. Von den übrigen Palastbaulichkeiten ist
noch ein grosser, viereckiger Thurm zu erwähnen, der
aus dunkelblauen Fayence-Ziegeln hergestellt ist und

eine riesige Thurmuhr trägt, sowie ein geschmackvoller, zierlicher Glassalon, „Balachane" genannt, von wo aus die Frauen des Schah den öffentlichen Festlichkeiten und Aufzügen zusehen.

In geringer Entfernung von dem königlichen Palaste befindet sich der grosse Artillerie-Platz, der ringsum von eigenthümlichen, einstöckigen Gebäuden umrahmt ist. In den völlig offen stehenden Erdgeschossen derselben sind Geschütze aller Grössen und Gattungen untergebracht, circa hundert an Zahl, während in den Obergeschossen die Bedienungsmannschaft der persischen Feldartillerie casernirt ist. Ausserdem sind an mehreren Stellen des Platzes aus Kanonenkugeln Pyramiden errichtet, wodurch der Ort ein überaus kriegerisches Aussehen erhält.

Das Schemiramer Quartier ist für den Europäer besonders bemerkenswerth, da sich hier die Hôtels fast sämmtlicher Legationen befinden. Die Gesandtschaften von England und Russland haben ihre eigenen Häuser, wogegen die diplomatischen Vertreter der anderen Staaten comfortable Miethhäuser reicher Perser bewohnen. Ein Aquäduct aus dem Elbursgebirge versorgt das Schemiramer Quartier täglich mit frischem Trinkwasser, woran in den übrigen Vorstädten leider Mangel besteht.

Das Armenier- und Juden-Quartier sind schmutzige, ungesunde Stadttheile mit engen, ungepflasterten Gassen, wo so mancher Spaziergänger, den ein Zufall in diese, mit menschlichen Wohnstätten kaum mehr vergleichbaren Labyrinthe geführt hat, bisweilen buchstäblich in meterhohem Kothe versinkt und des Beistandes gefälliger Menschen bedarf, um wieder „flott" zu werden.

Hochinteressant ist Teherans vierter Stadttheil, die „Alt-Stadt", auf deren frequentesten Plätzen tagsüber ein äusserst buntes Gewoge herrscht, und das in einer orientalischen Grosstadt pulsirende Leben in tausenderlei Metamorphosen sich manifestirt. Wo soeben noch eine unter klingendem Spiele heimrückende Militärabtheilung eine Stauung des Volkes hervorrief, schaart sich bereits im nächsten Augenblicke die Menge um eine angekommene Caravane, deren schwerbepackte Kameele hie und da einen allzu neugierigen Gaffer niederstossen und unter ihren Hufen zertreten; gleich darauf wogt ein Wallfahrerzug über den nämlichen Platz, auf welchem eine Viertelstunde nachher vielleicht eine Gauklerbande ihre Possen und Kunststücke aufführt.

Das wirrste Getriebe ist jedoch im Bazar Emir zu finden, dessen Erbauung dem als Wohlthäter allen Schichten der Bevölkerung unvergesslichen Grossvezier Mirza-Taghi-Khan zu verdanken ist. Nennen sich die Perser mit Vorliebe „die Franzosen des Orientes" und ihre Reichshauptstadt „das Paris des westlichen Asiens", so darf man den Bazar Emir sehr zutreffend mit dem weltberühmten Pariser Waarenhause des Louvre vergleichen, dessen Räume täglich Tausende und aber Tausende von Menschen durchfluthen. Der Bazar Emir ist eigentlich ebenso, wie der königliche Palast, ein besonderer Stadttheil für sich, eine Conglomeration der mannigfachsten Gebände, Arkaden und Plätze, Gartenanlagen mit grossen Bassins und Fontänen, Waaren-

schuppen und Magazine, in welchen die verschieden-
artigsten Handelsartikel stockhoch aufgethürmt sind.
Spirituosen, Thee und Kaffee, Häringe, Salz, Glaswaaren
und Thongeschirre, Kerzen, Stoffe, Felle, Teppiche,
Waffen, Sättel und Pfeifen lagern daselbst nebenein-
ander, theils noch in Ballen und Säcken verpackt, theils
bereits in Buden zur Schau gestellt, um die sich eine
Unzahl von Käufern feilschend und prüfend herumtreibt.
Zarte Naturen dürfen dieses Schacherviertel allerdings
nicht besuchen, denn der hier herrschende Lärm ist
geradezu ohrenzerreissend und die Passage eine lebens-
gefährliche, da auch Reiter sich unter die Massen
mischen und man mitunter sogar ein Rudel Kameele
durch die Verkehrsadern der Bazarräume treibt. Abends,
wo das Gedränge allmälig nachlässt, ist ein Besuch des
Bazars für empfindsame Leute allerdings mit weniger
Unannehmlichkeiten und Fährlichkeiten verknüpft; doch
verleidet um diese Tageszeit wieder ein anderer Uebelstand den Aufenthalt in den Bazarräumlichkeiten: der
penetrante Gestank nämlich, welchen die als Beleuch-
tungskörper in Verwendung stehenden Oellampen aus-
strömen, und welcher für die Geruchs- und Athmungs-
organe ebenso widerlich, wie nachtheilig ist.

Ein Curiosum darf die Stadtmauer genannt werden,
welche die genannten vier Stadttheile ringförmig um-
schliesst. Zwölf Thore sind in ihr angebracht und neben
jedem derselben befindet sich je eine kleine Kaserne
für eine Besatzung von ungefähr hundert Mann. Da
aber bei Erbauung dieser Fortificationen umgeschlagene
Lehmerde als Material zur Verwendung kam, so

Teheran.

schwemmte schon häufig ein tüchtiger Regen ganze
Theile des schlechten Gemäuers hinweg, unterwusch die
Behausungen der Soldaten und bewirkte, dass selbe entweder Sprünge, Senkungen und klaffende Risse beka-
men oder vollständig einstürzten. Ein die Stadt bela-
gernder Feind dürfte sich daher keiner Kanonen, sondern
lediglich einiger Feuerspritzen bedienen, um in die
Mauern Breschen zu schiessen, und seinem Einrücken
würden nicht einmal die massiven, eisenbeschlagenen
Thorflügel den geringsten Widerstand leisten, da selbe
in dem consistenzlosen, zerbröckelnden Mauerwerke so
lose eingefügt sind, dass eine Kinderhand sie aus den
Angeln zu reissen vermag. Man findet auch in der
Regel, wenn man eines der Thore passirt, dass der eine
oder andere Thorflügel ausgehängt und blos angelehnt
ist, und es soll sich schon mehrmals ereignet haben,
dass Passanten durch einen, in Folge eines Windstosses
umgeworfenen Thorflügel auf der Stelle getödtet wurden.
In den Rundbögen, die sich über jedem Thore befinden,
fesseln Frescogemälde aus der persischen Mythezeit den
Blick des Beschauers, und manchen dieser Wandmale-
reien ist künstlerische Durchführung keineswegs ab-
zusprechen.

*   *   *

Gross ist die Anzahl der königlichen Schlösser in
der Nähe von Teheran, auf welchen der Schah zur
Sommerszeit residirt und mit seinem ganzen Hofe ver-
weilt. Als das stattlichste unter ihnen muss das Felsen-
schloss Kasr-i-Kadschar bezeichnet werden, dass sich

terrassenförmig auf einem kahlen Ausläufer des Elbursgebirges erhebt. Sein Inneres ist reich an Sehenswür-
digkeiten, besonders an kostbaren Mosaiken und farben-
prächtigen Glasmalereien, und zu Füssen des gewaltigen
Steinbaues, der ganz einer Festung gleicht, breitet sich
ein grosser schattiger Park aus, dessen Platanen und
Ulmen zu den grössten im Lande gehören.

Schloss Topschantepeh, der „Hasenhügel" genannt,
und ebenso, wie Kasr-i-Kadschar, auf einem Vorberge
der Elburskette erbaut, zählt zwar auch zu den Sommer-
residenzen des Schah, doch verbringt derselbe dort
gewöhnlich nur kurze Zeit, die er der Ausübung des
edlen Waidwerkes widmet. Topschantepeh ist nämlich
mehr Jagdschloss als Lustschloss und entbehrt daher
so mancher Bequemlichkeit, die für einen längeren
Aufenthalt des Königs der Könige, der bekanntlich sehr
die Behaglichkeit liebt, unbedingt erforderlich wäre.

Weitere königliche Schlösser in der Umgebung
von Teheran sind noch Niaveran und Sultanedabad,
deren Gärten grossartige Fontänen und Wasserkünste
besitzen, die aber dessenungeachtet dem Schah nicht so
theuer und werth sind, wie Kasr-i-Kadschar, sein bevor-
zugter Lieblingssitz.

III

Persiens gegenwärtige Staatsform und militärische Verhältnisse.

Persien ist, wie das türkische und russische Reich, ein absolutistischer Staat und hat gegenwärtig Nassreddin Schah zum unbeschränkten Alleinherrscher. Nassreddin führt auch den Titel Sultan, Schahinschah oder Padischah und ist auf dem persischen Throne der vierte Regent aus der Dynastie der Kadscharen. Der Grossvezier, der den Titel „Hoheit" („Saderazam") führt, ist nach dem Schah die zweitmächtigste Person im persischen Reiche und bekleidet zugleich das Amt eines Kriegsministers. Mit ihm theilen sich noch sechs andere Staatsminister (des Aeussern, des Innern, des Unterrichtes, der Justiz, der öffentlichen Arbeiten und der Finanzen) in die Regierungsgeschäfte. Ein Marine-Ministerium existirt nicht, wiewohl es einen Grossadmiral („Dariabeghi") gibt.

Persien wird in dreiundzwanzig Provinzen oder Gouvernements eingetheilt, welche von Gouverneuren mit einjähriger Machtbefugnis verwaltet werden. Die Gouverneure sind durch königliche Decrete ernannt und können nach Ablauf ihrer Amtsdauer wiederberufen werden.

Die dreiundzwanzig Provinzen des Reiches sind folgende: 1. Arabistan mit Burudschird und den Hauptorten Schuschter, Disful und Burudschird. 2. Arak mit den Hauptorten Schehriman, Kedschas und Aschtian. 3. Azerbeidschan mit den Hauptorten Täbris und Choi. 4. Caswin. 5. Fars mit dem Tieflande Laar und dem Hauptorte Schiras. 6. Gilan mit Talisch und dem Hauptorte Rescht. 7. Gulpajigan mit Chumfar. 8. Ispahan. 9. Hamadan. 10. Teheran. 11. Kaschan mit Natans. 12. Kerman. 13. Kermanschah. 14. Chorassan mit den Hauptorten Meschhed und Nischapur. 15. Kum mit Chalidschistan, Saveh, Karagan und Zerend. 16. Kurdistan mit den Hauptorten Senna und Ardelan. 17. Chamseh mit dem Hauptorte Sendschan. 18. Luristan. 19. Malajir mit Tusirkan. 20. Mansanderan mit den Hauptorten Amel, Balafrusch und Aschref. 21. Astrabad. 22. Nehawend mit Kakewend. 23. Yezd.

Staatssecretäre („Mustafi"), die ihren Wohnort in der Hauptstadt haben, vermitteln zwischen den Gouverneuren und dem Ministerium des Innern die Geschäfte. In Gouvernements von grösserem Umfange ernennt der Gouverneur Vertrauenspersonen aus seiner Umgebung zu Untergouverneuren, deren Wirkungssphäre indessen eine beschränkte ist, da jede ihrer Verfügungen erst durch den Gouverneur ihr Exequatur erhalten muss.

Dass sich schon manches Mal Gouverneure, die ja in ihrer Provinz nach Belieben schalten und walten können, allerlei Uebergriffe erlaubten und dadurch beim

Volke missliebig machten, ist sehr erklärlich; ebenso einleuchtend ist der Umstand, dass es in derartigen Fällen auch häufig an blutigen Volksaufständen nicht fehlte. Gelüstete es beispielsweise einem solchen Provinz- tyrannen nach schönen Frauen und Mädchen, so setzte er sich gewaltsam in deren Besitz, wenn zuvor auch Gatten, Liebhaber oder Brüder durch Mörderhand aus dem Wege geräumt werden mussten. Andere wieder, denen es lediglich um Erwerbung grossen Reichthums zu thun war, drückten die Bevölkerung durch Auf- erlegung unerschwinglicher Strafgelder für die geringsten Vergehen und durch Ausschreibung bisher noch nicht dagewesener Steuern. Wohl versuchten es in ähnlichen Situationen die Unterdrückten fast immer durch Boten an den gerechtigkeitsliebenden Schah denselben von seines Statthalters Despotismus in Kenntnis zu setzen und um Absetzung desselben zu bitten. Bevor jedoch die Emissäre des Volkes nach Teheran kamen, wurden sie von nachgesandten Häschern und Schergen des Ver- klagten ereilt und für immerdar stumm gemacht. Offene Empörung war somit gewöhnlich das einzige Mittel, welches so hart gegeisselten Provinzen Abhilfe von ihren Peinigern brachte.

Seit einigen Jahren werden nur Prinzen aus könig- lichem Geblüte zu Gouverneuren ernannt und seitdem fanden keine Volksrebellionen mehr statt, da das dank- bare Perservolk der Dynastie der Kadscharen, der es so viel Gutes verdankt, aufrichtig ergeben ist.

Die Staatseinkünfte des persischen Reiches belaufen sich jährlich auf ungefähr $3\frac{1}{2}$ Millionen Dukaten, bei-

läufig 30 Millionen Mark, doch hat es auch Miss-
jahre gegeben, wo sie kaum die Hälfte davon betrugen.
Bei halbwegs rationellerer Wirthschaft könnten sie übrigens mit Leichtigkeit auf mindestens zehn Millionen
Dukaten gebracht werden, da Persien zu jenen Ländern
gehört, in welchen noch viele Schätze ihrer Hebung
und Ausnützung harren.

* * *

Was Persiens militärische Verhältnisse anbelangt,
so könnten selbe wohl ebenfalls bessere sein, als sie in
Wirklichkeit sind; immerhin ist jedoch die persische
Kriegsmacht eine achtungverdienende, welche einem
nicht auf der Höhe moderner Kriegskunst stehenden
Gegner hinlänglich zu schaffen gäbe.

Die königliche Armee dürfte auf 60.000 Mann zu
veranschlagen sein und zerfällt in die reguläre Armee
(oder Nizam) und in irreguläre Truppen (oder Redifs).
Entgegen unseren europäischen Institutionen sind die
Redifs als die eigentlichen Kerntruppen des persischen
Heeres zu betrachten. Sie werden von ihren unterschied-
lichen Stammesoberhäuptern befehligt und bestehen zumeist aus Reitern, die aus eigenen Mitteln für ihre
Ausrüstung sorgen und nur im Kriege Besoldung erhalten. Die Nizam-Armee ist in 75 Regimenter geglie-
dert, deren Ergänzung eine ganz willkürliche ist. Jeder
Perser hat lebenslänglich Kriegsdienste zu leisten; in
der Regel dient er jedoch nur drei bis vier Jahre und
wird hierauf für längere Zeit beurlaubt. Die allerdings
seltene Untauglichkeit zum Kriegsdienste wird nicht

in Betracht gezogen; man findet daher im persischen Heere
manchmal Soldaten, die eher in einem Siechenhause, statt
in einer Kaserne ihr Domicil haben sollten. Befreiung
vom Heeresdienste ist nur insoferne zulässig, als die
Söhne vornehmer Perser, wofern sie nicht selbst Lust
zur militärischen Laufbahn verspüren, Ersatzmänner
stellen dürfen. Officierspatente sind, gegen Erlegung eines
bestimmten Geldbetrages, erhältlich oder werden gnaden-
weise an begünstigte Personen verliehen, daher das
persische Officierscorps nur zum geringen Theile aus
gutgeschulten und tüchtigen Officieren besteht. Letztere
herangezogen und ausgebildet zu haben ist das Verdienst eines österreichischen Landsmannes, des Tirolers
Gasteiger, dem der Schah für seine erspriesslichen
Leistungen im persischen Heere den Khan-Titel zuer-
kannte. Seit dem Jahre 1850 besteht zwar zu Teheran
eine Militärakademie, in welcher Mathematik, Physik,
Mechanik, Geschichte, Geographie, Ballistik und Taktik,
sowie französische und englische Sprache gelehrt werden;
leider ist jedoch die Frequenz dieser Anstalt eine so
minimale, dass der aus ihr hervorgehende Nachwuchs
an gebildeten Officieren ein verschwindend geringer ist
und den Mangel an brauchbaren Truppenführern nicht
im Entferntesten deckt. Will daher Persien seiner Zeit,
wenn die indische Frage zwischen England und Russland zur blutigen Austragung kommt, zur Wahrung der
eigenen Integrität sich nicht blos auf's Zusehen be-
schränken, so muss es schon heute bedacht sein, sich
ein besseres Heer und vor Allem bessere Officiere zu
schaffen.

Die Stärke eines Nizam-Regimentes zur Friedenszeit beträgt nie über 600 Mann, da ja die vielen Beurlaubungen den Status um ein Wesentliches verringern. Im Felde kann es jedoch auf 1100 Mann gebracht werden. Die regulären Cavallerie-Regimenter, welche zugleich des Königs Leibwache bilden, sind ein schmuckes, stattliches Militär und haben Teheran zur beständigen Garnison. Sie sind in Escadronen à 500 Mann eingetheilt und leisten auf dem Manöverfelde Vorzügliches. Am trefflichsten organisirt, equipirt und bewaffnet ist indessen die Artillerie, welche über 400 Glattgeschütze verfügt, unter welchen sich 36 ausgezeichnete Lahitte-Geschütze befinden.

Ein nationales Unicum ist die sogenannte Kameel-Artillerie. Die Mannschaft der Kameel-Artillerie ist höchst bizarr costümirt, trägt weite arabische Mäntel und buntfärbige kurdische Turbans. Zu jedem Manne gehört ein Kameel, auf dessen Rücken ein drehbares Kanonenrohr angebracht ist. Auf ein Commando lassen sich die Kameele einer ganzen Abtheilung auf die Knie nieder, die Kanoniere richten ihre Geschütze und geben dann gleichzeitig die Decharge. Europäische Officiere, welche Schiessübungen der persischen Kameel-Artillerie als Augenzeugen beigewohnt haben, rühmen übereinstimmend die wundersame Schulung der Thiere, welche jedes Commando verstehen, niemals sich störrig zeigen und sogar das Kosakenpferd an Gehorsam und Willigkeit übertreffen. Schade, dass die Geschütze, die sich wie alterthümliche Arquebusen ausnehmen, von so untergeordneter Qualität sind; die persische Kameel-Artillerie könnte sonst im Kriegsfalle als Gebirgsbatterie eine bedeutende Rolle spielen.

Was die Soldbemessung im persischen Heere betrifft, so ist dieselbe durchaus nicht reichlich, immerhin aber eine bessere als im türkischen Nachbarreiche. Zumal die Gagen der höheren Officiere müssen als gute bezeichnet werden, während Capitäne und Lieutenants allerdings etwas haushalten müssen. Ein General bezieht an jährlichem Solde ungefähr 1000 Toman (etwa so viel wie 8200 Mark); ein Oberst 500 Toman (oder 4100 Mark); ein Major 200 Toman (oder 1300 Mark); ein Capitän 100 Toman (oder 750 Mark) und ein Lieutenant 20 Toman (oder 136 Mark). Der gemeine Mann hat einen Jahressold von nur 7 Toman, erhält aber bei seinem Eintritte in die Armee ein nicht unbeträchtliches Handgeld.

Schliesslich sei noch bemerkt, dass in der Schemiramer Ebene nächst Teheran eine von einem Armenier gegründete und noch heute geleitete Pulverfabrik existirt und in der Reichshauptstadt selbst ein bescheidenes Arsenal, in welchem die Flinten- und Kanonenkugeln für den Heeresbedarf gegossen und unbrauchbar gewordene Waffen entweder eingeschmolzen oder einer Reparatur unterzogen werden.

IV

Glorreiche Momente aus der Geschichte Neupersiens.

Das alte Perserreich ist arm an ruhmvollen Zeitabschnitten, an Helden und siegreichen Kriegen, und geradezu kläglich nehmen sich die Herrschergestalten des Darius Hystaspis, des Xerxes und Darius Kodomannus in der Geschichte des Alterthums aus. Neupersien aber hat so manche Epoche von Glanz und Herrlichkeit aufzuweisen und nicht wenige Männer geboren, deren Namen in den Annalen der Weltgeschichte mit goldenen Lettern verzeichnet sind.

Als Gründer des neupersischen Reiches muss Ismail aus dem Stamme der Sefiden betrachtet werden, der nach Entthronung der meisten iranischen Kleinfürsten sich 1502 zum Alleinherrscher machte, den Königs- oder Schahtitel annahm und Täbris zur Haupt- und Residenzstadt erhob. Kaum, dass es aber dem thatkräftigen Manne gelungen war, in dem grossen, neugeschaffenen Reiche Ruhe und Ordnung herzustellen, musste er auch schon seinen Blick von den internen Zuständen wieder abwenden und sein Augenmerk nach den Grenzen

des Reiches richten, da im Osten sowohl, als auch im
Westen eifersüchtige Nachbarn sich zum Angriffe auf
das junge Perserreich rüsteten. Oestlich war es der
kriegerische Stamm der Oesbegen, dessen Häuptling
Mohammed Scheibani mit Ismail zu allererst Händel
anfing und gleichzeitig eifrigst bemüht war, mit Bajased,
dem mächtigen Türkenkaiser, ein Bündnis gegen Ismail
zu schliessen. Schah Ismail war indessen ein Mann der
raschen That. Ehe noch die Allianz zu Stande gekommen
war, rückte er schon in Eilmärschen in's Gebiet der
Oesbegen ein, vertrieb Mohammed Scheibani aus Herat
nach Merw und zwang ihn vor letztgenannter Stadt
eine Schlacht anzunehmen, in welcher er ihn vollständig
besiegte. Mohammed Scheibani blieb todt auf der
Wahlstatt und mit ihm der grösste Theil seines Heeres;
nur Wenigen glückte es, durch die Flucht ihr Leben
zu retten.

Ismail's Erfolg über die kampfgeübten Oesbegen
brachte jedoch dem jungen Perserreiche wider Voraus-
setzung nicht den Frieden, sondern führte im Gegen-
theile zu einem neuen, noch blutigeren und längeren
Kriege mit dem türkischen Nachbarn im Westen, den
die zunehmende Macht des Perserkönigs in ernstliche
Unruhe versetzte. Der hochbetagte Sultan Bajased kam
zwar nicht mehr dazu, Persien den Krieg zu erklären,
denn er wurde 1512 durch eine Palastmeuterei seines
Thrones und Lebens beraubt; sein Sohn Selim der Erste
säumte jedoch, nachdem er dem Vater in der Herrschaft
gefolgt war, nicht lange, mit all' seiner Heeresmacht
gegen den gefürchteten und verhassten persischen Schah

3*

zu Felde zu ziehen. Ismail's Versuche, sich mit Venedig
und Aegypten gegen Bajased's Sohn zu verbünden, hatten
keinen Erfolg; auf sich allein angewiesen, nahm er daher zu einer äusserst klugen Tactik seine Zuflucht. Er
wich vor Selim, der mit einem ungeheueren Heere in
Persien einbrach, immer weiter in's Innere des Landes
zurück, und als es in der Ebene Kaldiran am 14. August
1514 endlich doch zu offener Feldschlacht kam, leisteten
die persischen Reitertruppen der Kysylbaschen solche
Wunder von Tapferkeit, dass Selim, obgleich er Sieger
im Kampfe blieb, kein Verlangen nach einem zweiten,
derartigen Pyrrhussiege verspürte, sondern sich zur Um-
kehr in die Heimat entschloss, zu der ihn besonders die
Janitscharen ungestüm drängten, da die Kriegführung
in einem so unwirthbaren Lande und gegen einen so
tapferen, hartnäckigen Feind nicht nach ihrem Geschmacke
war. Schah Ismail kam somit aus dem Kriege mit dem
mächtigen Türkenkaiser, der ihm völlige Vernichtung
angedroht hatte, mit einem blauen Auge davon und
konnte fortan bis an sein Lebensende (1524) in Ruhe
und Frieden regieren. Die Perser haben ihm ein dank-
bares Angedenken bewahrt und ihn nicht nur unter die
Zahl ihrer heiligen Männer erhoben, sondern auch als
streitbaren und unerschrockenen Helden in ihren schön-
sten Epen verherrlicht.

Sein Sohn, der ihm als Tachmasp der Erste folgte,
hatte wohl nicht die Feldherrntüchtigkeit seines Vaters
geerbt, muss jedoch in anderer Hinsicht zu den bemerkens-
werthesten Herrschern des neupersischen Reiches gezählt
werden, da er als ein echter und rechter Friedensfürst

Wissenschaften und Künste pflegte und selbst als Schrift-
steller thätig war. Er hat äusserst geistvolle und sprach-
lich schöne Memoiren geschrieben, die unter den besten
Prosawerken der neupersischen Litteratur genannt zu
werden verdienen.

Auf Ismail und Tachmasp folgten Herrscher ohne
Fähigkeiten und Thatkraft, unter welchen das Reich
immer mehr an Macht und Ansehen verlor. Erst mit
Abbas dem Ersten (1586—1628), den die Geschichte
den „Grossen" nennt, kam wieder ein energischer, durch
mannigfache Tugenden und Vorzüge ausgezeichneter
Schah auf den persischen Thron, der das Reich zu neuer
Grösse und Blüthe brachte und für dasselbe so nütz-
liche Institutionen schuf, dass es sich noch lange nach
seinem Tode über die anderen westasiatischen Staaten
dominirend erhob.

Seine für Persien wichtigste Handlung war un-
streitig die Reorganisation der Armee. Bisher hatten
alle, dem Perserreiche unterworfenen Stämme zum Heere
Truppencontingente gestellt, die von den Stammesoberhäuptern befehligt wurden. Schah Abbas schaffte dieses
Herkommen ab und besetzte alle Anführerstellen mit
von ihm selbst ernannten Befehlshabern, die er natür-
licherweise aus seinen getreuesten Anhängern wählte.
Dadurch beugte er allfälligen Abfallsgelüsten unzufrie-
dener Stämme vor und wusste sein Heer von Leuten
geführt und beeinflusst, auf welche er sich in ernster
und kritischer Zeit vollständig verlassen konnte. Auch
im Exercitium der Armee, insbesondere hinsichtlich des
Gebrauches der Feuerwaffen, führte er neue Vorschriften

ein, und es ist daher nicht zu wundern, dass er mit
einem dergestalt verbesserten Heere alle seine Kriege
siegreich zu Ende führte.

Als Erste hatten die Oesbegen die Schärfe seines
Schwertes zu fühlen, denen er 1597 bei Herat eine
solche Niederlage beibrachte, dass das Reich nunmehr
Jahrzehnte lang von ihnen Ruhe genoss. Hierauf wandte
sich Schah Abbas gegen die Türken, denen er 1607 die
Provinzen Georgien, Schirwan und Adherbeidschan ent-
riss; sechzehn Jahre später (1623) eroberte er gleichfalls in einem Kriege gegen diese sogar Bagdad mit den
heiligen Stätten von Kerbelah, worüber im ganzen Perserreiche frenetischer Jubel herrschte. Auch mit einer
europäischen Macht wagte es Abbas, sich zu messen,
nämlich mit Portugal, das im persischen Golfe die Insel
Ormuz besass. Abbas blieb auch in diesem, um die Mitte
des Jahres 1622 unternommenen Feldzuge Sieger, vertrieb die Portugiesen von der blühenden Insel und zer-
störte die auf derselben gelegene Stadt, um sie nachher
im persischen Style noch prächtiger aufzubauen.

Schah Abbas der Grosse hat sich indess auch als
Förderer wissenschaftlichen und künstlerischen Strebens
in seinem Reiche gezeigt und wird von Geschichts-
schreibern seiner Zeit sehr treffend „der persische Harun-
al-Raschid" genannt. In seinem Königspalaste zu Ispahan,
wohin er aus Täbris seine ständige Residenz verlegt
hatte, gingen Gelehrte, Künstler und Dichter jederzeit
ein und aus, unter Letztgenannten auch Hafis, dessen
unsterbliche Lieder noch heutzutage jedes Perserherz
in höchstes Entzücken versetzen.

Als Abbas 1628 seine grosse Seele aushauchte, war das gesammte Reich von ungeheuchelter Trauer erfüllt; Frohsinn und Lustbarkeit blieben lange aus den Häusern der Reichen wie aus den Hütten der Armen verbannt, und nationale Rhapsoden setzten ihm ebenso, wie seinem Vorgänger Ismail, in ihren Gesängen ein ewig währendes Denkmal.

Nach Abbas dem Ersten oder dem Grossen trugen Sefi, Abbas der Zweite, Suleiman, Hussein, Tachmasp der Zweite und Abbas der Dritte, durchwegs unfähige und energielose Herrscher, die persische Krone. Da sie aber lediglich ihrem Harem und der Weinflasche lebten, lief das Reich zu wiederholten Malen Gefahr, gänzlich in Brüche zu gehen und wieder in jene zahlreichen Kleinstaaten zu zerfallen, aus welchen es durch Schah Ismail mittelst Blut und Eisen zusammengeschweisst worden war.

Schon hatte sich ein Afghanenfürst zum Usurpator emporgeschwungen und zu Teheran als Beherrscher des Perserreichs proclamirt, als noch zur rechten Zeit in der Person Nadirs aus dem Stamme der Affchar der Nation ein Retter und Befreier erstand. An der Spitze einer verwegenen Freischaar lieferte dieser kühne Kriegsheld aus Chorassan den Afghanen bei Damegan eine siegreiche Schlacht, machte der verhassten Fremdherrschaft mit diesem einzigen Schlage ein Ende und bestieg 1736 als Schah Nadir der Erste den persischen Thron.

Er führte mehrere glückliche Feldzüge gegen das türkische Reich; dann gegen die Oesbegen und die Afghanen; unternahm hierauf eine Expedition über Kabul nach Indien, weil dessen Kaiser den Afghanen Schutz und Beistand zu Theil werden liess, und besiegte endlich bei Karnal am Dschamna den schwachen indischen Herrscher, welcher, gänzlich entmuthigt, sich und die Seinen in der Hauptstadt dem Ueberwinder ergab. Nachdem sich noch die Chanate von Bochara und von Chiwa freiwillig dem mächtigen Perserkönige unterworfen hatten, gebot derselbe über ein Reich, das vom Jaxartes und Indus bis an den Euphrat reichte, und stand von jetzt ab auf dem Gipfel irdischen Ruhmes. Doch war es ihm nicht gegönnt, vom Glorienscheine umgeben zu sterben. Durch Geistestrübung zum sinnlos wüthenden Despoten geworden, übte er während der letzten Jahre seiner Regierung so entsetzliche Greuel, dass es endlich sogar den Angehörigen seines Stammes zu arg ward. Sie verschworen sich wider ihn und erschlugen ihn 1747 in seinem Palaste.

Hundert und ein Jahr fehlte es nunmehr dem Reiche der Sonne an hervorragenden und reich veranlagten Herrschern: erst im Jahre 1848 bestieg wieder ein solcher den persischen Thron: Nassr-eddin nämlich, der gegenwärtige Schah, der sich nicht nur durch glänzende Kriegsthaten (beispielsweise durch die zweimalige Eroberung Herats in den Jahren 1852 und 1855) seinen Nachruhm gesichert hat, sondern auch durch segensreiche Werke des Friedens. Es unterliegt keinem Zweifel, dass auch **er** einst in der Geschichte „Nassr-eddin **der Grosse**" genannt werden wird.

Abbas der Grosse.

V.

Die Religionen und Secten in Persien.

Die Perser, und zwar sowohl die in Städten und Dörfern sesshaften, als auch die nomadisirenden, gehören fast durchwegs der schiitischen Secte des mohammedanischen Glaubens an. Der Koran ist für sie die einzige wahre Tradition des Propheten, während die Anhänger der sunnitischen Secte, nämlich die Türken, ausser dem Koran auch die „Sunna" oder mündliche Ueberlieferung als heilig betrachten. Schiiten und Sunniten sind indessen von noch glühenderem Hasse gegen einander erfüllt, als gegen Nichtmuselmänner, und es ist daher an den heiligen Stätten von Mekka und Medina schon oftmals zwischen Pilgrimen der beiden Secten zu blutigen Schlägereien gekommen. Die schiitischen Perser halten beispielsweise einen Oheim des Propheten Mohammed, Ali, weitaus höher in Ehren als den Propheten selbst und verehren Ali's in der Schlacht bei Kerbelah gefallene Söhne Hussein und Hassan gleich Heiligen, während sie den zweiten Kalifen Omar, der nach sunnitischem Glauben der rechtmässige Nachfolger Mohammeds war und bei den Türken die grösste Verehrung besitzt, verabscheuen und verspotten. Oefter noch, als zum Grabmale des Propheten, pilgert der glaubenseifrige Perser zu den Begräbnisstätten Ali's und seiner Söhne in die Gegend von Kerbelah und erwirbt durch diese Wallfahrt das Anrecht, sich „Kerbelahi" zu nennen. Wer überdies noch in Mekka gewesen, darf den Beinamen „Hadschi" führen, und wer den ebenfalls hochberühmten Wallfahrtsort Meschhed heimgesucht hat, heisst nachher ein „Meschhedi".

Das Wallfahren ist überhaupt eines der ersten schiitischen Glaubensgebote, und jeglicher Perser, ob arm oder reich, unterzieht sich demselben sehr gerne, da mächtige Wanderlust und Hang zum Nomadenleben charakteristische Eigenthümlichkeiten seiner Natur sind. Selbst nach den Grabmälern einfacher, frommer Männer, nach den sogenannten „Imampadehs" werden Wallfahrten unternommen, und der im Perserreiche reisende Europäer wird daher unzähligen Pilgercaravanen begegnen, denen, ganz wie bei uns, Vorbeter mit bunten Fahnen voranziehen. Mit Ausnahme derartiger Prozessionen sind jedoch die übrigen religiösen Functionen der Perser prunklos und unauffällig; ihre unansehnlichen, minaretlosen Gotteshäuser werden wenig besucht und sind auch den Fremden zugänglich, die sich durch einen Besuch derselben meistentheils sehr enttäuscht fühlen, da das Innere dieser Gebände nur weissgetünchte Wände mit darauf gemalten oder eingemeisselten Koran-Gebetsprüchen zeigt. Die persische Priesterschaft oder die Kaste der Mollahs hat im Lande die grösste Macht. Sogar der „König der Könige" ist beflissen, mit ihr jederzeit im besten Ein-

vernehmen zu bleiben, da ihr Einfluss auf das leicht zu
fanatisirende Volk ein überaus grosser ist. In den jüngst
verflossenen Jahren hatte eine bedenkliche Spannung
zwischen der Mollahschaft und dem Schah Platz ge-
griffen, da erstere bei ihrem starren Festhalten an alten
Einrichtungen und Gebräuchen mit den Neuerungen und
Reformbestrebungen Nassr-eddin's durchaus nicht zufrieden war. Durch die Erhebung eines Schwiegersohnes
des Schah zum ersten Mollah des Reiches wurden jedoch
die guten Beziehungen zwischen Herrscher und Priesterschaft wieder hergestellt und haben bis dato nicht mehr
eine Trübung erfahren. Bezeichnend für die dominirende
Stellung der persischen Geistlichkeit ist der Umstand,
dass der Schah, der bekanntlich über Gut und Blut
jedes in Ungnade gefallenen Grossen nach Belieben
verfügen kann, einen sich gegen die Königsgewalt auf-
lehnenden Mollah weder an seinem Leben, noch an seiner
Habe bestrafen darf, da solche rebellische Priester in gewissen Klöstern des Landes unantastbare Asyle besitzen.

Mit löblicher Toleranz benimmt sich die Mollahschaft gegenüber kleinen Versündigungen wider den
Glauben. Der Weingenuss, den bekanntlich der Koran
verbietet, wird beispielsweise niemals bestraft, so lange
sich Jemand innerhalb der Mauern seiner Behausung
demselben hingibt; nur der in angeheitertem Zustande
auf öffentlichen Plätzen Aergernis erregende Schlemmer
muss nachher durch eine empfindliche Sühne seine Un-
vorsichtigkeit büssen.

Hochinteressant sind die Derwische oder fahrenden
Bettelmönche, deren es im ganzen Lande eine riesige

Anzahl gibt. Es sind schöne, malerisch gekleidete Männer mit langen Haaren und langen Bärten, die rastlos von Haus zu Haus ziehen und um ein Almosen betteln. Haben sie ein solches erhalten, so erzählen sie die ergötzlichsten Heiligenlegenden und Wunder, flehen des Himmels reichlichen Segen auf den Almosenspender herab und wandern dann wieder weiter.

Ebenfalls noch zur Priesterschaft gehören die Muezzims oder Gebete-Sänger. Jeder wohlhabende Perser hält sich einen solchen Gesellen, der, auf dem Dache des Hauses sitzend, Früh und Abends mit lauter Stimme Gebete singt. Wer zu Beginn oder Ende des Tages durch Teheran oder eine andere grössere Stadt einen Spaziergang macht, hat Gelegenheit, mitunter prachtvolle Tenor- und Baritonstimmen solcher Muezzims zu bewundern.

Um die heilige Moharemszeit sind sämmtliche Mollahs sehr in Anspruch genommen. Hoch zu Ross oder Esel sieht man ihrer oft Hunderte die Städte und Dörfer durchkreuzen und an den belebtesten Plätzen von ihren Reitthieren steigen, um dem versammelten Volke aus dem Koran zu predigen.

Aehnlich den Passionsspielen in der Schweiz, in Tirol und in Baiern führen auch die Perser religiöse Schaustücke auf. Der Schah hat eigens zu diesem Behufe ein Theater erbauen lassen, das einige tausend Zuschauer fasst. Kleinere solcher Bühnen finden sich noch in den Häusern vieler vornehmer Perser, welche durch diese Institutionen sowohl bei der Geistlichkeit als auch beim Volke sich in Gunst zu setzen verstehen.

Eine der bekanntesten religiösen Ceremonien ist die Kameelschlachtung am Kurban-bairam-Tage. Selbe wird vor dem Palaste des Grossveziers vorgenommen, wobei es meistens zu Balgereien unter der Volksmenge kommt, da jeder Perser ein Stück des heilbringenden Fleisches heimbringen will. Hochzeiten und Leichenbegängnisse sind in Persien nicht zu den religiösen Acten zu zählen. Zwar nimmt an solchen Ereignissen auch gewöhnlich ein Mollah theil, doch nur zur Ausfertigung des Heiratsvertrages oder des Todtenscheines, da die Mollahs vorzügliche Schreibkünstler sind. Der Act der Beschneidung, der bei den Knaben durchschnittlich im dreizehnten Lebensjahre vollzogen wird, ist dagegen eine entschieden religiöse Verrichtung, welche ausschliesslich nur ein Mollah vorzunehmen befugt ist.

Dies das Wichtigste über den schiitischen Mohammedanismus der Perser.

*   *   *

Von den Andersgläubigen im Reiche der Sonne verdienen zunächst die Anhänger des Parsismus hier in Kürze beschrieben zu werden. Selbe nennen sich (stolz auf ihre Abstammung von den Urpersern) „Parsen", sind stramme, stattliche Leute und besitzen durchwegs einen nicht geringen Grad von Intelligenz. Von den schiitischen Persern werden sie mit dem verächtlichen Namen „Gebern" bezeichnet und immer mehr nach der Ostgrenze des Landes gedrängt, so dass heute nur noch zu Yezd, Tafft und einigen Gegenden in der Provinz Kirman parsische Gemeinden bestehen. Vor

ungefähr hundert Jahren gab es noch hunderttausend
Parsen im Reiche; seither ist ihre Zahl auf fünftausend
zusammengeschmolzen. Der Glaube der Parsen ist die
uralte Religion Zoroasters, dessen Lehren, kurz zu-
sammengefasst, die folgenden sind.

Ormuzd, der Fürst des Lichtes und des Guten,
theilt sich mit Ahriman, dem Fürsten der Finsternis
und des Bösen, in die Herrschaft der Welt. Allem
Guten und Edlen, das von Ormuzd erschaffen worden,
stellte Ahriman Böses und Unheilvolles entgegen; bei-
spielsweise dem rechtlich lebenden Menschen den
Schurken, der essbaren oder als Heilmittel dienenden
Pflanze die giftige, dem zahmen und nutzbringenden
Hausthiere die reissende Bestie. Ormuzd, der im Himmel
„Gorotman" thront, ist von guten Geistern umgeben,
welche, ihrem Range nach, in Amschaspands, Izeds und
Ferwers (unseren Cherubim, Seraphim und gewöhnlichen
Engeln entsprechend) eingetheilt sind; Ahriman haust
in der Unterwelt „Duzakh" und hat über ein Heer von
„Dews" oder bösen Geistern zu gebieten. Zwischen
diesen beiden feindlichen Geisterwelten herrscht ein
beständiger Kampf; unaufhörlich ringt das gute Princip
mit dem bösen, bis endlich ersteres siegreich aus dem
Kampfe hervorgeht, der Lichtgeist Sosiosch den Ahriman
und seine Schaaren vernichtet und das Reich des Guten
und Edlen bis in die fernste Ewigkeit währt.

Gleich uns Christen glaubt auch der Parse an eine
Fortdauer seiner Seele nach dem irdischen Tode. Ist
der Mensch hienieden rechte Bahnen gewandelt, so geht
sein Geist in den Himmel „Gorotman" ein; war er ein
Bösewicht, so verfällt er der Unterwelt „Duzakh".

Der Cultus der Parsen ist ein ungemein einfacher; er besteht in nichts Anderem, als in der Feueranbetung, da man das Feuer als Urquell des Lichtes und somit auch alles Guten und Reinen betrachtet. Die Besorgung des Gottesdienstes hat eine besondere Priesterkaste zu leiten, welcher Männer von hoher Gelehrsamkeit angehören.

Die grösste Judengemeinde im persischen Reiche und zugleich ein für die Judenschaft der ganzen Welt bedeutsamer Ort, da sich daselbst das Grabmal der Königin Esther und Mardochais, ihres Vaters, befindet, ist Hamadan.

Am Uramia-See besteht eine Ansiedlung der alten christlichen Glaubenssecte der Chaldäer und Nestorianer, deren Zusammenleben ein wahrhaft mustergiltiges genannt werden muss. Ihre Lehre gipfelt in der Behauptung, dass ein wesentlicher Unterschied zwischen dem Göttlichen und Menschlichen in der Person Christi obwalte und Maria demzufolge nicht „Mutter Gottes" zu nennen sei.

Im Jahre 431 auf der Kirchenversammlung zu Ephesus als Ketzer geächtet, suchten die fortan auf's Aergste verfolgten Sectirer in Persien Zuflucht, von wo sie sich in kürzester Zeit über ganz Arabien, Indien, ja selbst China verbreiteten. Bis 1551 bildeten Chaldäer und Nestorianer eine einzige Secte; im genannten Jahre spalteten sie sich jedoch in zwei Theile, indem erstere den päpstlichen Primat anerkannten und sich für die Siebenzahl der Sacramente erklärten, letztere hingegen die Oberhoheit des Papstes verwarfen und sich für die Beibehaltung von nur drei Sacramenten (Taufe, Abend-

mahl und Priesterweihe) entschieden. Vor Jahrhunderten
Träger einer hohen universellen Bildung und im Besitze
einer berühmten Gelehrtenschule zu Nisibis, wo die
griechischen Wissenschaften in Asien eifrigste Pflege
fanden, sanken Chaldäer und Nestorianer im Laufe der
Zeiten auf eine äusserst niedrige Bildungsstufe herab,
von der sie sich schwerlich mehr zu früherer Bedeutung
emporraffen dürften. Vom ethischen Standpunkte aus
betrachtet, verdienen sie übrigens heute noch An-
erkennung und Achtung, da strenge Sittlichkeit, Recht-
lichkeit und völlige Selbstlosigkeit zu ihren hauptsäch-
lichsten Charaktereigenschaften gehören.

Bemerkt sei noch, dass von diversen Statistikern
unter der Bevölkerung Persiens auch sunnitische
Mohammedaner angeführt werden. Es ist dies insoferne
richtig, als man die Ihlats, einen turcomanischen, die
nördlichen Provinzen des Reiches nach Nomadenart
durchziehenden Stamm, gewöhnlich für Anhänger der
sunnitischen Lehre hält. Sie sind es indess nur dem
Namen nach, in Wirklichkeit hingegen wilde, religions-
lose Horden, deren Gottheit der Mammon ist, um dessent-
willen ihr ganzes Leben eine ununterbrochene Kette von
Plünderungen, Bluthaten und sonstigen Greueln bildet.

Ausser ihnen gibt es endlich noch einen zweiten
religionslosen Nomadenstamm im Reiche der Sonne:
die Zigeuner, die jedoch ein harmloses, friedliebendes
Völklein sind, und sich meistens als Gaukler kümmer-
lich das tägliche Brot verdienen.

VI.

Persien in seiner culturellen Bedeutung.

Der Perser ist der gebildetste Orientale. Schon Herodot erkannte die so hohe Bedeutung des Perservolkes, und selbst heute, nach mehr denn zwei Jahrtausenden, kann demselben eine solche in Mitte der anderen Asien bewohnenden Völkerschaften unmöglich geleugnet werden. Der Perser gilt als der Franzose des Orientes, welche Bezeichnung ihm selbst am meisten zu schmeicheln scheint. Mit hohen Geistes- und Körpergaben, scharfem, durchdringendem Verstand, feinsinnigstem Geschmacke und starker Veranlagung für Kunst und Industrie jeder Art ausgestattet, lässt sein kaustischer Witz, seine heitere Weltanschauung, seine bis zu tollem Leichtsinne gesteigerte Lebenslust ihn thatsächlich im Vergleiche mit europäischen Völkerschaften den Franzosen zunächst stehen. Der Perser liebt körperliche Uebungen über Alles und wird, wenn auch nie blühend, so doch ebensowenig jemals krankhaft in seinem Aussehen erscheinen, krüppelhafte Personen zählen in Persien zu den allergrössten Seltenheiten, er ist ein vorzüglicher Reiter, als welchen ihn keine Strapazen zu ermüden

4

scheinen, reist gerne und sei es auch unter den
grössten Beschwerden, jedoch meistens nur im Innern
des Landes, jagt mit Vorliebe zu Pferde, erfreut sich
aber selten eines besonders hohen Alters, da bei
äusserst frühzeitiger Entwicklung der Verbrauch seiner
Körperkräfte ein verhältnismässig rascherer ist. Seine
genaue Altersstufe zu erkennen, ist man fast niemals
in der Lage, da der Perser mit Vorliebe sich Haare
und Bart zu färben pflegt.

Ein weiterer Charakterzug, welcher dem Perser
mit dem Franzosen gemein zu sein scheint, ist sein
Hang zur Prunksucht, in welchem Mindergestellte
mit einem fast krankhaften Ehrgeiz den Höheren gleich
zu kommen streben, und nicht selten über ihre
Mittel hinausgreifen, sowie seine besondere Neigung
für Geschmeide aller Art. Selbst die ärmste Classe geht
an Tagen der Ruhe mit besonderem Wohlgefallen in
bunte, gold- und silberdurchwirkte Stoffe, jedoch unter
allen Umständen immer reinlich und nett gekleidet. Als
besonders hervorstechende Charaktereigenschaften der
Perser wären noch insbesonders ihre wahrhaft orien-
talische Gastfreundschaft, ihr reger, nur zu verschwen-
derischer, Wohlthätigkeitssinn, denn er ermöglicht Tau-
senden von Personen ohne einen Handgriff Arbeit zu
leben, allerdings um in Jahren allgemeiner Noth desto
elender zu Grunde zu gehen, sowie endlich ihre gefälligen
Manieren im Umgange mit Jedermann hervorzuheben.

Die Perser sind im Allgemeinen hoch gewachsen,
von starkem Körperbau, mit ausgeprägt kaukasischem
Typus, ihr Auge ist dunkel und gross, der Mund sinnlich.

die Gesichtsfarbe weiss, das Haupt- und Barthaar dicht
und schwarz. Ersteres wird auf dem Scheitel und am Hin-
terkopfe abgeschoren, an den Seiten in Locken herabfallend,
letzteres lang und voll getragen. Ein Hauptmerkmal in
der Nationalkleidung der Männer bildet die fast 0·5 m
hohe Kopfbedeckung, eine kegelförmige Mütze aus
schwarzem Lammfell, bisweilen auch Filz, mit abge-
platteter Spitze.

Die Bevölkerungszahl Persiens unterliegt keiner
genauen Erforschung, doch dürfte dieselbe in der ersten
Hälfte unseres Decenniums an 8 Millionen betragen
haben. Die Bewohner Persiens sind ihrer Abstammung,
Sprache, Religion und Sitte nach ausserordentlich ver-
schieden. Die überwiegende Mehrzahl derselben bilden
jedoch die Ureingeborenen, Tadschik, dieselben bekennen
sich fast ausnahmslos, und zwar als eifrige Schüten,
zum Mohammedanismus, strengste Rechtgläubigkeit in
ihrem Bekenntnisse zur Schau tragend. In solcher Weise
rechnen sie auch ihre Zeit nach Mondjahren, doch hat
sich von ihren Ahnen her, welche noch nach Sonnen-
jahren zählten, die Frühlings-Tag- und Nachtgleiche
(Nauruz) als hoher Festtag, eine Art Neujahrsfeier, deren
Abhaltung mehrere Tage währt, erhalten. Als specielle
Landesfeste der Perser sind der allgemeine Buss- und
Bettag am Todestage Imam Hassans, des Enkels Mohammeds, der eines gewaltsamen Todes durch Vergiftung
starb, sowie die Trauerfeste M o h a r e m, zur Erinnerung
an die Ermordung der Söhne Alis, und der 19. T a g
d e s R a m a z a n zum Gedächtnisse der Ermordung
Alis selbst zu erwähnen. Neben den T a d s c h i k, welche

insbesonders den Nordwesten Persiens, sowie etliche mittlere Striche desselben bewohnen, finden wir unter den Bewohnern Persiens noch Kurden, Turktataren, Turkmenen, Armenier, Juden, Chaldäer, Araber, Afghanen, Neger, Zigeuner und viele andere; ferner eine Anzahl eingewanderter Stämme (Ihlat auch Ihlijat), welche sich in ihren Lebensgewohnheiten von der übrigen Bevölkerung Persiens wesentlich unterscheiden. Sie leben meist unter aus Ziegenhaarfilz, der von den Frauen gemacht wird, verfertigten Zelten, haben Winter- und Sommerquartiere und nähren und kleiden sich vornehmlich von den Producten ihrer Schafzucht. Ausserdem zählen sie noch Rindvieh-, Maulthier-, Esel- und Ziegenheerden, sowie aussergewöhnlich schöne Hunde zu ihren hervorragenderen Besitzthümern und züchten Pferde und Kameele, mit welchen sie einen nicht uneinträglichen Handel betreiben. Jedem Stamme der Ihlats ist von der Regierung sein Territorium zugewiesen, dessen Grenzen er strenge einzuhalten hat, sie haben sämmtlich ihre eigenen Oberhäupter (Risch-e-sefids d. i. Weissbärte), tragen eine im Verhältnisse zu den übrigen Bewohnern Persiens geringere Steuerlast, sind jedoch gleich jenen zur Blutsteuer im Kriegsdienste verpflichtet.

Persiens Culturbestrebungen auf den Gebieten der Wissenschaft, der Künste und Industrie sind allezeit rege gewesen, haben jedoch unter dem weltmännisch umfassenden Blicke seines gegenwärtigen Beherrschers nach Jahrhunderte langem, gänzlichen Stillstande einen noch mächtigeren Aufschwung genommen. Die persische Sprache ist, gleich der französischen im Occidente,

im gesammten Oriente bei allen Gebildeten verbreitet,
und zahlreiche Medressen, die Hochschulen der
mohammedanischen Welt, pflegen hohes Wissen auf
orientalisch-linguistischen Gebieten, insbesonders im
Studium der persischen, arabischen und türkischen
Sprache, ferner auf den Gebieten der schönen Künste,
der Mathematik, Arzneikunde, Koranlehre und anderen
mehr. Unter allen Künsten hat zur Zeit die Architectur
in Persien die grösste Stufe der Vollkommenheit erlangt,
doch treten ihre Leistungen nur im Innern der Gebäude
an herrlichen Ausschmückungen aller Art zu Tage; dagegen weist die Malerei in Persien den äusserst fühl-
baren Mangel jeglicher Wechselwirkung von Licht und
Schatten und namentlich aller Perspective auf. Die
Wohnhäuser, insbesonders der vornehmeren Schichten,
sind nach Aussen hin mit hohen, abstossend kahlen
Mauern umgeben und gewähren keinerlei Einblick in
das Innere der Räumlichkeit, so dass von allen Strassen
in den Städten Persiens nur die Bazare in Schiraz,
Teheran, Täbris und Ispahan einen wirklich nachhaltigen
wärmeren Eindruck auf den Beschauer hervorzubringen
vermögen.

Herrliche Blüten hat die Litteratur aufzuweisen,
um welche sich nebst seinen grossen Dichtern ver-
gangener Zeiten, auch, wenngleich in bescheidenem Masse,
die landeseigenthümlichen Nappal (Geschichtenerzähler),
eine im Volksleben nicht zu unterschätzende Erscheinung,
durch Recitation der hervorragendsten persischen Dichtungen ein entschiedenes Verdienst erworben haben.

Weit bis vor die Herrschaft des Islam, noch
unter die Zeit der Sassaniden, reicht das Litteratur-

leben Persiens zurück, dessen ältestes litterar-histori-
sches Werk von Mohammed Aufi aus dem Anfange
des 13. Jahrhundertes her bis auf unsere Tage erhalten geblieben ist. Die glänzendsten Dichter des Orientes,
wie Hafis, Saadi, Firdusi, Dschelâl eddin Rumi,
auf dessen Schriften die gesammte Lehre des mohammedanischen Pantheismus fusst, sie alle schrieben ihre unsterb-
lichen Dichtungen in persischer Sprache und bereits im
10. und 11. Jahrhunderte schon hatte die persische Litteratur, namentlich aber unter der Regierungsperiode des Ghas-
nawiden Mahmud in ihren Dichtern Rûdagî, Dakikî,
Firdusi und Emir Muizzî eine wahrhafte Glanz-
periode aufzuweisen; ihren Höhepunkt erreichte sie jedoch im 14. Jahrhunderte in dem zu den Zierden der
Weltlitteratur zählenden, gewaltigsten aller Lyriker des
Orientes Schems-eddin Hafis. Späterhin wandten
sich die persischen Dichter, und auch hier mit grossem
Erfolg, vornehmlich der Novelle, dem Märchen und der
Fabel zu. Die dramatische Dichtung fand in Persien
fast gar keine Verbreitung, doch finden am Todestage
Husseins, des bereits erwähnten unglücklichen Sohnes
Alis, sowie anderer moslemitischer Blutzeugen prunk-
volle Trauerfeierlichkeiten ähnlich den mittelalterlichen
Mysterien statt.

Druckereien, allerdings nicht in europäischem
Sinne genommen — man kennt in Persien nur die Ver-
vielfältigung durch Steindruck — bestehen derzeit in
Teheran und Täbris. Weit grösseren Ruf, und mit vollem
Rechte, geniessen die Perser jedoch als die allervollen-
detsten Kalligraphen des Orientes, ihre Arbeiten auf
diesem Gebiete finden ein höchst lohnendes Erträgnis,

da oft die Zeile als Musterblatt bis zu einem holländischen Dukaten bezahlt wird.

Auf wissenschaftlichem Gebiete haben die Perser, wiewohl seinerzeit solche Bestrebungen durch die Alles beherrschende Vorliebe für die Dichtkunst arg in den Hintergrund gedrängt wurden, Hervorragendes auf dem Gebiete der Geschichtsforschung, namentlich aber auch auf jenem der Mathematik, Philosophie und Astronomie geleistet.

Wahrhaft grosse Erfolge haben sie auf dem Gebiete der Kunst- und den verschiedensten Zweigen sonstiger Industrie errungen, so vornehmlich in ihren Damascener-, Filigran- und Fayence-Arbeiten, in der Erzeugung von Goldgeschmeiden und Silbergeschirren, Bronzen, Teppichen, Shawls und ähnlichen Textil-Industrieproducten. Noch heute stehen in Kaschan nicht weniger als 400 Kupferschmieden in Thätigkeit, ihre Waffen aus Damascenerstahl, Säbel, Streitäxte, Kolben, Flintenläufe etc. etc. geniessen Weltruf und werden in ihrer kostbaren Ausstattung und Tauschirung in Gold oft bis zu 500 Dukaten per Stück bezahlt, ihre herrlichen Bronzen mit ebenfalls feinsten Ciselirungen auf Trinkgefässen, Vasen, Bechern und Aehnlichem reihen sich würdig den besten gleichartigen Kunstproducten aller Länder an, ja in der Kunst der Fayencefabrication stehen sie mit ihren lebhaften türkis- und kobaltblauen, sowie gelben Farben bei correctester Genauigkeit der Zeichnung im Oriente geradezu unerreicht da.

Nicht minder werthvoll ist Persiens Metall- und Beinmosaik-, sowie Email-Industrie, nicht unerwähnenwerth sind seine Schnitzereien aus Bux- und Birnholz, auf Cocosnüssen oder Straussseiern, eine Haus-Industrie gleich jener unserer tirolischen Berge, und vollends anzuerkennen seine Leistungen im Graviren harter Steine. Geradezu einzig aber ist Persien auf den Gebieten der Textil-Industrie in der Erzeugung von Teppichen und Shawls. Der turko-manische Teppich gilt als der dichteste und dauer-hafteste der Erde, und gute persische Shawls wer-den noch heute per Stück mit vierzehn bis zwanzig Dukaten, ja solche auf besondere Bestellung verfertigte, ganz ausgezeichneter Qualität sogar mit bis zu dreissig Dukaten bezahlt. Vorzügliches bringt Persien auch in Seiden- und Wollgeweben, sowie in Stickereien hervor, und ist es vor Allem der persische Frauenschleier, welcher in unvergleichlicher Pracht der Stickereiver-zierungen seines Gleichen in der Welt sucht. Nicht minder rühmenswerth sind die dem Lande ureigenthümlichen Erzeugnisse der Filz-, Tuchmosaik- und Galanterie-Lederfabrication. Betrachten wir die culturelle Bedeu-tung Persiens, eines der ältesten Culturstaaten der Erde, seine Leistungen auf den Gebieten der Wissenschaft, Kunst und Industrie, so kann man wohl dem Lande das Zeugnis nicht versagen, dass es nach Jahrhunderten mannigfachen Niederganges in jeder Beziehung, hervorgerufen durch un-glückliche Feldzüge, Hangen der Bevölkerung am Alther-gebrachten, orientalischen Aberglauben und Vorurtheile, unter der Regierung seines dermaligen, mit hohen Geistesgaben und den besten Absichten ausgestatteten Beherrschers einem grossen Culturaufschwunge entgegen-schreitet.

VII.

Das Haus- und Familienleben der Perser.

Wohl kaum bei irgend einem Volke der Erde mag
der Familiensinn höher entwickelt erscheinen, als wie
bei jenem der Perser. Der Perser wurzelt mit allen
Phasen seiner Existenzbedingungen tief in dem Familienleben, die Familie ist sein höchstes Heiligthum, in ihr
und für sie lebt und webt, fällt und stirbt er. Ehre und
Unehre jedes seiner Familienglieder fühlt er gleich seiner
eigenen und selbst die Zusammengehörigkeit seines
Stammes betrachtet er als eine Art erweiterten Familien-
lebens. Er ist stolz darauf, eine Familie sein nennen zu
können, Angehöriger eines Stammes zu sein und kennt
alle wie immer hervorragenden Persönlichkeiten aus
demselben. Der Vater wird als das Oberhaupt der
Familie, als der Herr des Hauses respectirt, ihm bringen
die Kinder Ehrfurcht und Gehorsam entgegen, der
Mutter sind sie in Liebe zugethan. Alles Eigenthum
der Familie gehört dem Vater als Familienoberhaupt
und hat es sich sogar bereits ereignet, dass von Söhnen
nach Gründung ihres eigenen Hausstandes selbsterwor-
bene Güter von deren Vätern im Laufe der Jahre

in Besitz genommen und sie in demselben behördlich
bestätigt wurden. Wie sehr ein solches Gesetz zu harten
Ungerechtigkeiten führen kann, bedarf wohl keiner
weiteren Erläuterung, obwohl auch dessen vorhandene
guten Seiten nicht geleugnet werden sollen.

Ungeachtet dieses so ausgeprägten Familiensinnes
und einer sehr conservativen Lebensanschauung mangelt
dem Perser seltsamer Weise doch alles Gefühl anhäng-
licher Pietät für das Ererbte, auf irgend welche Weise
aus zweiter Hand Ueberkommene. Ein Haus, das
er durch Erbschaft erhält, lässt er principiell ver-
fallen, ein warmes Gefühl heimatlichen Empfindens für
Haus und Herd seiner Väter kennt er nicht, er dürstet
nach dem Ruhme, selbst immer Neues und Prächtiges
zu schaffen. Dieser Geist, der den Einzelnen beseelt,
macht seine Wirkung in nachhaltigster Weise auf das
gesammte öffentliche Leben geltend. Herrlichste, im
vollendetsten Baustyle aufgeführte Paläste werden zur
Gewinnung von Baumaterialien demolirt oder muthwillig
dem Verfalle preisgegeben, um Paläste in weitaus
schwächerer, neuer Geschmacksrichtung, ja selbst elende
Hütten an deren Stelle aufführen zu können; präch-
tige, geradezu unentbehrliche Karawansereien liegen
bereits eingestürzt oder stehen im Begriffe mangels
jeglicher Beaufsichtigung gänzlich zu zerfallen; mit
grossen Kosten aufgeführte Brücken über Engpässe und
Sturzbäche werden vielfach unbrauchbar, weil ein oder
mehrere Pfeiler morsch geworden oder der Brücken-
bogen Lücken und Löcher erhalten, welche Schäden
niemals ausgebessert werden, so dass ein solcher nur

mit Gefahr überschritten werden kann. Ist endlich ein derartiges Bauwerk eingestürzt, so errichtet man, unbekümmert um die Trümmer des alten, etwas höher oder tiefer von demselben, ein ähnliches neues; man verschwendet im Allgemeinen Unsummen auf neue Baulichkeiten, verschmäht aber auch nur die geringste Summe für irgend welche Reparatur auszugeben.

Ist ein Perser zu Ansehen, Stellung oder Reichthum gelangt, so lässt er sich sofort, ohne irgend welchen weiteren Beweggrund, ein neues Haus erbauen und dasselbe in zielloser Weise vergrössern. Allsogleich siedeln sich sämmtliche Stammesgenossen, Diener, Clienten etc. um das Haus des Emporgekommenen an, so dass dessen Wohnhaus mit allen umliegenden Gebäuden seiner Stammesbrüder u. dergl. rasch zu einem ganzen Stadttheile emporwächst. Bei den stets wechselnden Glückslaunen, bei der Sucht, sich jedesmal um den jeweiligen neuen Stern anzusiedeln und denselben beim ersten Erbleichen eiligst zu verlassen — denn nicht selten werden beim Sturze einer Persönlichkeit nicht nur sein, sondern aller seiner Stammesgenossen Häuser auf obrigkeitlichen Befehl niedergerissen und eingestampft, ein Gebrauch, der dem mittelalterlichen Salzstreuen gleichkommt — bevölkern sich ganze Stadttheile ebenso rasch, als sie anderen Falles wieder von der Oberfläche verschwinden. Vielfach kommen daher Bauten wegen der schwankenden Geschicke ihrer Bauherren nicht zur Vollendung, auch ereignet es sich nicht selten, dass in Folge der grossen Weitläufigkeit der ganzen Bauanlage und des in Persien in jeder Beziehung mangelhaften

Baumateriales oftmals ein Theil des Hauses bereits zu-
sammenzustürzen droht, während der andere noch im
Aufbaue begriffen ist. Einen wichtigen Factor im Haus-
leben der Perser bilden sein vorurtheilsvoller Aberglaube, seine starre Ueberzeugung von bösen Vorbedeu-
tungen, sowie auch einzelne religiöse Satzungen. Ein
Haus, in welchem sich ein Unglücksfall ereignet, würde
Niemand, und wenn er es auch umsonst bekäme, jemals
beziehen; ein Gebäude, das als von irgend Jemandem
in unrechtmässiger Weise erworben gegolten, kann
keinen Käufer mehr finden, da es nicht gestattet ist,
in einem solchen Gebete zu verrichten, und wird man
aus allen diesen Umständen leicht erklärlich finden, dass
in Persien, ungeachtet zahlloser, unausgesetzter Neu-
bauten, nur wenige bewohnbare Häuser anzutreffen sind.

So prunkliebend sich der Perser nach aussen hin
zeigt, so schlicht und einfach ist er in seinem Haus-
und Familienleben. Der Perser hält, auch der Vornehmste, täglich nur zwei Mahlzeiten; eine als Früh-
stück Vormittags und eine zweite nach Sonnenuntergang als Haupt- und Abendmahlzeit. Zwischen den
beiden, sowie am frühen Morgen werden höchstens ein
Schälchen bitteren Kaffees oder Thees, zuweilen mit
etwas Zwieback, Käse oder Früchten genommen. Die
Hauptnationalgerichte der Perser bilden das Pillaw,
Tschillaw und Asch, Speisen, bei welchen vor-
wiegend Reis, beim Pillaw auch Lammfleisch in Ver-
bindung mit allerlei süssen Ingredienzien, Obst, sowie
Hülsenfrüchten in Verwendung kommen. Das Tschillaw wird als Beilage zu Ragouts u. dergl. gegeben.

Das Asch, die nach persischem Geschmacke leckerste
Nationalspeise, ist ein selbstständiges Gericht, eine Art
Suppe, an deren schmackhafter Bereitung und Con-
sistenz sich die Kunst der Köche zu erproben hat.
Zum Asch ergehen weit und breit hin Einladungen,
und kann ein richtiger Feinschmecker es nie unter-
lassen, an demselben noch immer gewisse Verbesserungen
wünschen zu müssen. An Fleischsorten wird vornehmlich Schaf-, Lamm- und Hühnerfleisch genossen; der
Perser vermag nicht zu begreifen, wie man, sobald von
diesen Fleischgattungen eine ausreichende Menge vorhanden ist, nach anderem Fleische greifen könnte, und
bedauert den Europäer, dass er sich von Rindfleisch
nähren muss. Das arme Volk in Persien sucht seine
Nahrung im Brote, das in dreierlei Feinheitsgraden ge-
backen wird, dem Europäer aber in keinem derselben
mundet, sowie der Perser sich absolut nicht an Brot
in europäischer Bereitungsart gewöhnen kann. Im
Grossen und Ganzen nährt sich der Perser von Pflanzen-
kost; man speist bei den Mahlzeiten, auf Filzstücken
mit eingebogenen Knieen auf den Fersen ruhend, auf
dem direct am Fussboden ausgebreiteten Tischtuche.
Als Teller dienen vor jedem Tischgenossen gelegte
Brotfladen; die Speisen werden in kupfernen Platten,
dazu Scherbett in Porzellantassen mit Holzlöffeln umher-
gereicht, wobei man ganz nach Belieben zulangt, ohne
während des Speisens ein Wort zu verlieren. Nach
Tisch werden Wasserpfeifen gebracht, wonach die Unterhaltung beginnt. Bei Besuchen ergeht man sich in zahllosen Förmlichkeiten, während der gewöhnliche Gruss

beim Eintritte in das Gemach nur in dem Legen der rechten Hand auf die linke Brust und dem Neigen des Hauptes besteht.

Das Haus des Persers, wiewohl über die Maßen umfangreich angelegt, zeigt sich dennoch nicht allzu pompös in seiner inneren Ausstattung. Ist man durch die nie höher als 2·5 Meter reichende Thüre, welche sich erst auf den Schlag eines an derselben befestigten Fallhammers öffnet, geschritten, gelangt man in eine Vorhalle, in der der Thürhüter seinen Platz angewiesen hat, und durch diese in das Männergemach. Jedes Haus ist in zwei Theile, das Birun (Männergemach) und Enderun (Frauengemach) geschieden. Als Mittelpunkt jeder dieser beiden Abtheilungen gilt ein stets viereckiger Hof, um welchen alle Gemächer, wie Thee-, Kaffee- und Rauchcabinete, Gesindewohnungen, Küche und Magazine, strenge eines von dem anderen getrennt, niemals unter einander verbunden, laufen. Gegenüber dem Haupteingange in das Haus liegt das vornehmste Gemach der Männerabtheilung, der grosse Saal (Talar), in welchem der Herr des Hauses seinen Sitz hat, Gäste empfängt und Geschäfte abwickelt. Im Talar, der, stets hoch gebaut, mit allem Luxus ausgestattet ist, zeigt sich in vornehmster Weise die Vollendung persischer Architekturkünste. Die grösste Zierde des Saales bildet der in kostbarsten Malereien, Stukkaturarbeiten, Ornamenten, Vergoldungen und Glasarbeiten erprangende Plafond, sowie die aus einem einzigen Fenster bestehende, mit aller Kunst und Sorgfalt ausgearbeitete Vorderwand. Der Boden erscheint mit einer

glatten Gipslage überzogen, mit Filzen und Teppichen
belegt; der oberste Raum am Fenster gilt als die vornehmste Stelle im ganzen Saale, als Königs- oder Herren-
sitz, und ist mit dem kostbarsten Teppiche geschmückt.

Mit Teppichen ist ein Gemach in Persien hinlänglich eingerichtet. Möbel kennt man nicht, die Schränke
werden durch zahllose Nischen in den einzelnen Ge-
mächern, in welche man die täglichen Gebrauchsgegen-
stände eingeschlagen zu legen pflegt, ersetzt. Thüren
und Fenster bleiben, auch im Winter, in Persien den
ganzen Tag über geöffnet, erstere werden nur mit
Kettchen, nicht mit Schnallen geöffnet. An den Thüren
befinden sich Anstandes halber Vorhänge, doch erscheint
der Perser für Zugluft absolut unempfänglich, er besitzt
nicht einmal einen Ausdruck hiefür in seiner Sprache,
und selbst im Winter bei im Kamine brennendem Feuer
sieht man Thüren und Fenster geöffnet. Als Ehrenplatz,
namentlich an heissen Sommertagen, wird einem Gaste
stets jene Stelle angewiesen, über welche die meiste
Zugluft streicht. Unter dem Saale befindet sich ein kühles,
kellerartiges Gemach (Zir-Zemin) als Hauptaufenthaltsort
während heisser Sommertage; der Aufenthalt in demselben
wirkt jedoch auf Europäer selbst bei Tage, bei Nacht
aber auch für den Perser äusserst ungesund. Im Zir-
Zemin befindet sich eigene starke Ventilationsvorrich-
tung. Der Hofraum ist in Gärtchen und Blumenbeete
getheilt, des Schattens halber wohl auch mit Laub und
Rebenspalieren versehen, inmitten desselben befindet
sich stets ein zu den gesetzlichen Waschungen bei Gebeten,
sowie zur Abkühlung unbedingt erforderliches Wasser-

becken, meist mit Springbrunnen, doch ist das Wasser
zum Trinken fast immer verdorben.

Eine wichtige Rolle spielt das Hausdach, welches
flach, aus einer Schichte Thonmörtel und Stroh ge-
stampft und gewalzt, in Sommernächten die ange-
nehmste Schlafstelle bildet. Nach Sonnenuntergang
schreitet Alles auf das Dach und ist dieses, mit hohen
Feuermauern umgeben, neugierigen Blicken nicht zum
Hause gehöriger Personen strenge verschlossen. Auf Be-
heizung der Räume wird, wie überall im Süden,
wenig Werth gelegt. Oefen im europäischen Sinne
kennt man in Persien nicht; man brennt Feuer in
offenen Kaminen, an welchen sich selbst der vornehmste Perser eigenhändig auf ausgeglühten Kohlen
in Stücke geschnittenes Fleisch zu braten pflegt. Einer
eigenen, aparten Heizvorrichtung (kursi oder tendur) be-
dient man sich in den Harems, wogegen Handwerker
und Geschäftsleute auf Strassen und in Bazaren sich
die Hände an offen errichteten kleinen Kohlenfeuern
wärmen.

Aus dem Männergemache gelangt man in das
Frauengemach, welches nur Frauen, dem Ehemann,
Eunuchen und über specielle Erlaubnis auch noch dem Arzte
zugänglich ist. Selbst der Mann darf unangemeldet die
Frauengemächer nicht betreten, die Eltern und weib-
lichen Anverwandten der Frauen können diese jedoch,
ohne den Gatten vorher verständigt zu haben, besuchen.
Das Frauengemach ist in seinem Plane und seiner
inneren Einrichtung gleich dem Männergemach, nur
räumlich etwas ausgedehnter zur Unterbringung der Haus-

haltungen der verschiedenen Frauen angelegt. Einer pompösen Ausstattung mit kostbaren Seiden- und Shawl-vorhängen, Teppichen, Nippes, Schüsselchen, Schalen und Kannen chinesischer und europäischer Erzeugung erfreut sich das Gemach der Favoritfrau.

Der Perser behandelt seine Frau gut, eine thät-liche Misshandlung derselben wäre selbst in den aller-untersten Bevölkerungsschichten etwas gänzlich Uner-hörtes; er betrachtet sie als wirkliche Lebensgefährtin, sie nimmt trotz ihrer Abgeschlossenheit Theil an allen seinen Geschäften, ja sogar an politischen Angelegen-heiten. Heiraten werden in Persien auf zweierlei Weise, entweder auf immer (aekdi) oder blos für eine gewisse Zeitdauer (sighe), von einer Stunde bis zu 99 Jahren, geschlossen. In jedem Falle muss der Brautwerber, je nach der Beschaffenheit der Braut in körperlicher Be-ziehung, den Eltern eine Ablösungssumme in meist sehr ansehnlicher Höhe erlegen, sowie in ersterem der Braut ein ebensolches Heiratsgut bestimmen. Bei einer all-fälligen Scheidung, welche in Persien sehr leicht erreich-bar wäre, muss der Mann dieses Heiratsgut hinaus-zahlen und kommen wohl auch aus diesem Grunde Scheidungen sehr selten vor; eine Frau aus eigener Familie oder aus demselben Tribus zu verstossen, würde sogar als höchst schimpflich gelten. Eine verstossene Frau kann unter gewissen Umständen, insbesondere eine als aekdi verstossene, als sighe wieder geheiratet werden. Schei-dungen werden grösstentheils nur angestrebt bei er-wiesener Unfruchtbarkeit der Frau, bei liederlichem Lebenswandel oder muthmasslicher Untreue derselben,

5

oder wenn sich bald nach ihrem Einzuge in das Haus
ein Unglück ereignet und man sie des „bösen Schrittes"
für verdächtig hält. Ein Perser nimmt auf Reisen seine
Frau niemals mit, sondern schliesst in jeder Station,
wo er sich längere Zeit aufhält, für die Zeit seines
Aufenthaltes eine sighe. Ist die Vertragsdauer einer
sighe um, so ist dem Manne verboten, das Weib zu
berühren, sie gilt als Witwe, sofern nicht die Vertragsdauer erneuert oder verlängert wurde, und kann wieder
heiraten. Während der Vertragsdauer geniesst die sighe
alle Rechte einer legitimen Frau. Für alle Kinder aus
sämmtlichen Ehen, aekdi oder sighe, ist der Perser zu
sorgen unbedingt verpflichtet und mag die sich hierdurch
ergebende grosse Kostspieligkeit eines polygamitischen
Haushaltes wohl mit ein grosser Beweggrund sein, dass
trotz der in Persien gestatteten Polygamie mit Ausnahme einzelner Grossen des Reiches, Prinzen, Khane
oder mit Glücksgütern besonders Gesegneter, die Mono-
gamie vorherrscht. In ärmeren Classen besorgt die Frau
den Haushalt, in reicheren überwacht sie allerdings
gleichfalls den Hausstand und die Erziehung der Kinder,
lebt aber doch mehr ihren Passionen und Vergnügungen.

Die Heiraten werden vornehmlich in der eigenen
Familie, und zwar grösstentheils zwischen Cousin
und Cousine, merkwürdiger Weise ohne nachhaltiger
Familien-Gesundheitsschädigung, jedenfalls aber immer
im selben Stamme, und zwar sehr frühzeitig geschlossen.
Man verheiratet Mädchen in den ärmeren Schichten mit
10—11, in besseren Kreisen mit 12—13 Jahren, und
betrachtet solche, wenn sie körperlich wohlgerathen,

vermöge der zu erzielenden Ablösungssumme — zumal
auch das Mädchen aus ärmster Familie, wenn sie nur
von blühender Schönheit ist, selbst von den Alleredelsten
des Landes mindestens als sighe geheiratet wird — als
ein lebendes Capital, auf das man alle Sorgfalt ver-
wenden muss. Jungen Männern von 16—17 Jahren wird
bereits eine sighe zugewiesen, bis sie nach erlangter
einflussreicher Stellung zur Heirat (aekdi) in eigener
Familie schreiten. Heiraten werden in Persien meist
durch weibliche Unterhändlerinnen, Verwandte etc. geschlossen, die Hochzeitsfeierlichkeiten finden im Hause
des Bräutigams, sowie der Brauteltern unter allerlei
Gastereien, Förmlichkeiten und Ergötzungen durch 7 bis
8 Tage statt, während welcher der Bräutigam der Braut
den Schleier gewaltsam zu lüften hat, und Beide wohl
beachten müssen, wem von ihnen es hiebei zuerst ge-
lingt, das Andere auf den Fuss zu treten; er wird im
neuen Haushalte die Oberhand erlangen.

Die Kinder, welche bis zu ihrem zweiten, bisweilen auch dritten Jahre von der Mutter, in seltensten
Fällen von Ammen gesäugt werden, bleiben, der Knabe
bis zu seinem siebenten Jahre, das Mädchen für immer
im Frauengemach; ersterer hält sich hierauf im Männergemache auf und erhält einen Lehrer, welcher ihn in
den Regeln des Anstandes und Ceremonielles, im Lesen,
Schreiben, im Verständnisse des Koran und der National-
dichter unterrichtet. Dem Mädchen wird bis zu ihrem
achten Lebensjahre mit dem Knaben gemeinschaftlicher
Unterricht ertheilt, von da ab wird sie den Blicken
Unberufener entzogen, von ihrem neunten Lebensjahre

an zeigt sie sich nie mehr unverschleiert und muss
dasselbe bei seiner Hochzeit geschlechtlich vollständig
unberührt sein, anderen Falles besitzt der Mann das
Recht, sie ohne weiteres ihren Eltern zurückzustellen.
Im hohen Grade auffallend zeigt sich in Persien die
Aehnlichkeit der Gesichtszüge, Charaktere und ganzen
Bewegungen der einzelnen Familienglieder, ja sogar
Stammesangehöriger untereinander, welcher Umstand
auf die Heiraten fast ausschliesslich in der Familie oder
mindestens im Stamme zurückgeführt wird. Die Frauen
geniessen im Gegensatze zu anderen orientalischen
Ländern in Persien grosse Freiheiten im Verlassen ihres
Hauses, dürfen jedoch, ihren Gatten und einige An-
verwandte ausgenommen, vor keinem Manne unverschleiert
erscheinen und betrachten Europäerinnen ob des gegen-
theiligen Umstandes neugierig, ja fast mitleidig. Sinkt
einer Dame auf der Strasse der Schleier vom Gesicht,
so ist es für den sie begegnenden Manne Pflicht, sich
so lange abzuwenden, bis sie selben wieder zurecht
gerichtet.

VIII.

Persiens Bodenproduction, Viehzucht und Fauna.

Persien ist, abgesehen von seinen Salzwüsten und unwirthlichen Felsenbergen, im Grossen und Ganzen ein recht fruchtbares und ergiebiges Land. Die sengende Hitze der Sonne, von welcher man glauben sollte, dass ihr Gluthauch jegliche Vegetation schon im Keime zum Verdorren und Absterben bringt, wird durch die zur Frühjahrs- und Herbsteszeit herrschenden Regenmengen gänzlich paralysirt, und der Fleiss des persischen Bodenbebauers ist ein so reger und steter, dass die Ernten in Persien in der Regel sehr günstig ausfallen.

Was dem persischen Bauer an landwirthschaftlichen Geräthen abgeht, ersetzt er durch eine erhöhte Anstrengung seiner Hände. Unbekannt mit dem Gebrauche der Egge, verkleinert er die Schollen auf seinen Aeckern mittelst der Harke, und die nämlichen Resultate, die ein Dampf-Exstirpator allerneuester Construction hervorbringen würde, erzielt er mit seinem primitiven räderlosen und krummscharigen Pfluge, dem er in den seltensten Fällen Esel, Maulthiere oder Pferde, sondern meistentheils Kühe vorspannt.

Von Körnerfrüchten wird in Persien am reichlichsten Weizen gebaut; Roggen nur in den Gegenden zunächst den Gebirgen. Auch Bohnen. Fisolen und Erbsen findet man häufig; desgleichen viele Gattungen Klee, der sehr dicht und üppig gedeiht. Kartoffel sind in Persien noch nicht lange bekannt, doch zieht man sie schon an manchen Orten in Gärten und zählt sie in solchen Districten zu den Lieblingsgerichten. Die Weincultur ist von grosser Bedeutung, denn Weintrauben bilden ein Hauptnahrungsmittel der Perser, bei den Hohen sowohl, wie auch im Volke. Merkwürdig nehmen sich die persischen Weingärten aus, in denen die Reben nicht, wie in anderen Ländern, an Pflöcken gezogen werden, sondern am Boden fortwuchern. Dabei ist die Pflege der persischen Reben ungemein einfach: sie werden blos nach der Ernte beschnitten und zur nämlichen Zeit von den überflüssigen Aesten und Ranken befreit. In der Umgebung von Teheran und Ispahan baut man auf ausgedehnten Feldern den Mohn, sowie den indischen Hanf, aus welch' letzterem man den Haschisch, das bekannteste und beliebteste Narcoticum aller Orientalen, gewinnt. Tabakfelder sind im ganzen Reiche in grosser Anzahl vorhanden und das nach Art des türkischen Tabaks getrocknete und geschnittene Kraut, das man besonders zu Cigarretten verwendet, findet reissenden Absatz nach Russland. Die Tabakpflanze zählt somit zu den lucrativsten Bodenerzeugnissen des persischen Reiches.

Ueberaus gut ist es in Persien um die Obstzucht
bestellt. Obstgärten und Obstgehege sind sämmtlich mit
hohen Mauern umfriedet und enthalten die vorzüglichsten
Varietäten an Obstbäumen, sowie an Sträuchern mit
geniessbaren Beeren. Aepfel, Birnen und Quitten erreichen
unglaubliche Dimensionen und zeichnen sich überdies
durch Süssigkeit und feinstes Aroma aus. Quittenäpfel
von Kindskopfgrösse sind durchaus keine Seltenheit, und
die Birnensorte Gulabi-Schahi darf unseren besten europäischen Birnengattungen gleichgestellt werden. Pfirsiche,
Aprikosen, Marillen und Kirschen gibt es gleichfalls
vorzügliche; unsere vaterländische Zwetschke ist jedoch
im Lande der Sonne fremd. In den südlichen Gegenden
Persiens reifen Orangen, Feigen und Datteln, aus denen
man süsse, honigähnliche Getränke bereitet. Von essbaren Beerenarten sind in Persien die Himbeere und
die Brombeere, sowie schwarze und weisse Maulbeeren
heimisch.

Von einer Forstwirthschaft des persischen Staates
zu sprechen, ist leider ein Ding der Unmöglichkeit, da
trotz der edlen Reformbestrebungen des jetzigen Schah
rationeller Waldbau in Persien noch immer nicht Ein-
gang gefunden hat. Ueber den stattlichen Wildstand der
geradezu unermesslichen Wälder, vornehmlich im Elburs-
Gebirge, soll jedoch an weiterer Stelle bei Besprechung
der Fauna Persiens noch ausführlich berichtet werden.

Was die Viehzucht der Perser betrifft, so steht
dieselbe auf einer noch keineswegs hohen Stufe; nur
einzelne Zweige derselben sind bereits zu einer erfreu-
lichen Entwicklung gelangt, beispielsweise die Pferde-

zucht. Man hält und züchtet in Persien nachstehende
Pferderassen: Die echte arabische, die den Schah, seinen
Hof und die vornehmsten Leute des Landes mit edlen
und feurigen Rossen versorgt; die turkomanische, deren
Thiere sich durch äusserst schöne Gestalt und ausser-
ordentliche Geschwindigkeit auszeichnen, daher auch aus
ihnen der Bedarf für die Cavallerieregimenter gedeckt
wird; die kurdische, welche schwere und ausdauernde,
besonders zum Zuge brauchbare Gäule liefert; und
endlich die von den Bauern gezüchtete, sogenannte persische Rasse, aus welcher kleine, wohlproportionirte Pferde,
ähnlich unserem polnischen Schlage, hervorgehen. Da die
Nationalkopfbedeckung der Perser, die hohe, aufrecht-
stehende Kulah-Mütze, gewöhnlich aus Schafsfell erzeugt
wird und Lämmerbraten unter die persischen National-
leckerbissen gehört, so ist die Zucht von Schafen und Läm-
mern natürlich gleichfalls bedeutend. Ziegen züchtet man
nur in äusserst verschwindender Anzahl, und zwar lediglich auf einigen Hochgebirgsalmen, wogegen Esel und
Maulthiere in allen Provinzen des Reiches sehr zahl-
reich zu finden sind. Auch die Kameelzucht ist der Erwähnung werth, doch erregt es Verwunderung, dass man
das plumpe, von Natur aus doch nur in Ebenen zu leben
bestimmte Thier auch in Gebirgsgegenden hält und
benützt und es sich dort im Erklettern der steilsten
und abschüssigsten Bergpfade ganz vortrefflich bewährt.

Traurig sieht es mit der Rindvieh- und Schweine-
zucht aus, — ein Umstand, der übrigens leicht zu begreifen
ist. Rindfleisch wird, wie schon erwähnt, in Persien
selbst von den Aermsten nur mit Widerwillen genossen

und das Essen von Schweinefleisch ist ja durch die
Satzungen des mohammedanischen Glaubens verboten.

Um so besser sieht es mit der Geflügelzucht aus.
Hühner und Tauben werden in erstaunlichen Mengen
gefüttert, letztere aber niemals verspeist, da sie für
geheiligte Thiere gelten. Man zieht sie in Folge dessen
ausschliesslich nur zu dem Behufe, um ihren Mist zu
erhalten, der sich als ausgezeichnetes Düngemittel für
Melonenbeete erweist. Auch Pfauen hält der Perser sehr
gerne, und der jetzt regierende Schah, der inmitten von
Teheran einen grossen, prächtigen Pfauengarten besitzt,
ist allen seinen Unterthanen als Pfauenzüchter ein leuch-
tendes Vorbild.

Eine höchst ergiebige Einnahmsquelle für den persischen Staat würde die Fischzucht sein, doch hat dieselbe
im Sonnenlande noch ebenso wenig Wurzel gefasst, wie
eine geregelte Forstbewirthschaftung. Persiens Ströme und
Flüsse wimmeln förmlich von Hausen und Stören und werden
von russischen Speculanten, welche gegen Erlegung eines
unbedeutenden Pachtschillings den Flussfischfang aus-
üben dürfen, jährlich Hunderttausender ihrer geschuppten
Bewohner beraubt. Auch der Forellenreichthum der
meisten Gebirgsbäche ist ein phänomenaler; freilich bleibt
auch er ohne jede Verwerthung, da hier nur Reiher,
Störche und sonstiges Wassergeflügel sich auf den Fischfang verlegen. Es ist diese Thatsache, vom fortschritt-
lichen Standpunkte aus betrachtet, sehr zu bedauern;
doch liegt die Annahme nahe, dass die gelehrigen Perser,
welche den Abendländern schon so manche segensreiche
Einrichtung abgelauscht haben, auch bald einsehen

dürften, wie vortheilhaft es für sie wäre, wenn, anstatt
der Russen, sie selber in ihren Strömen und Flüssen
den Fischfang betreiben würden, welcher, verbunden
mit einer geregelten Fischzucht, Jahr für Jahr ein sicherlich hohes Erträgnis den Staatscassen zuführen würde.

Ungemein mannigfach ist die Fauna des Perserreiches. Jeder leidenschaftliche Waidmann, der hin-
reichend Muse und das nöthige Reisegeld hat, um sich
eine Jagdexcursion nach dem Lande des Schah zu ver-
gönnen, mache sich dahin auf den Weg; an verschieden-
artigster und reichlichster Beute, sowie an interessantesten Abenteuern wird es dort keineswegs fehlen. In
den Wäldern Masanderans wird er Gelegenheit haben,
Luchse und Bären zu jagen; in den Auen am kaspischen
Meere das Wildschwein, welches dort — da der gläubige
Muselmann sogar vor der Tödtung dieses unreinen
Thieres zurückschreckt — eine wahre Landplage bildet;
auf den höchsten Kuppen des Elbursgebirges den gravi-
tätischen Steinbock und die windschnelle Gemse; in den
Steppen von Chorassan den gesellig in Heerden lebenden, kraushaarigen Büffel, und endlich in den südlichsten
Tropenprovinzen Tiger und Leoparden, sowie den König
der Thierwelt, den asiatischen oder persischen Löwen.

Daneben sind Edelhirsch, Rehwild, Hase, Gazelle,
Stachelschwein, Moufflon, Wolf, Hyäne, Schakal, Fuchs
und wilder Esel sehr häufig.

In unzähligen Arten ist die Vogelwelt im „Lande
der Sonne" vertreten. Rebhuhn und Wachtel hausen
überall, wie bei uns, auf den Wiesen und Feldern; das
Steinhuhn mit schöner, gelbbraun gefärbter Brust, ist

in den Klüften der höchsten Berge zu finden; das
Steppenhuhn in den Wüsten und Einöden des Nord-
ostens; der Fasan in den Auen am kaspischen Meere,
und Wildtauben allerorten im Lande. Endlose Züge von
Störchen und Kranichen, wilden Enten und Gänsen
schweben alltäglich hoch über den Dächern der Städte
dahin, und an Weihern und Tümpeln tummeln sich
Hunderte rothfüssiger Kibitze und zierlicher Becassinen.
Von kleineren Vögeln, die auch bei uns heimisch sind,
trifft man in Persien so manche gute Bekannte; so z. B.
den Sperling, die Schwalbe (die zur Winterszeit nach
dem Golfe zieht), die Kohlmeise, den Distelfink, den
Widehopf und die Drossel. Die liebliche Nachtigall, von
den Persern „Bulbul" genannt und von den gefeiertsten
Dichtern des Volkes in unzähligen Liedern besungen,
ist äusserst selten geworden; nur in den Hainen der
königlichen Gärten kann man selbe noch sehen und
hören, denn hier wird sie sorgsam gehegt und gepflegt,
während anderwärts vielerlei Feinde das Leben der
kleinen Sängerin ernstlichst gefährden.

Für Raubvögeljäger sind die persischen Lande ein
ebenso wünschenswerthes Terrain, wie für Freunde
anderen Waidwerks. An Stellen, wo frisches Aas liegt,
sammeln sich Geier, Adler, Falken, Raben und Krähen
zum ekelerregenden Schmause und sind daselbst in ange-
fressenem Zustande mit Leichtigkeit zu erlegen. Ein Orni-
thologe könnte aus einer solchen Gesellschaft die abwei-
chendsten Spielarten der aufgezählten Aasvögel constatiren.
Auch der schwalbenschwänzige Milan und der hellgraue
Bussard finden sich oftmals zu derartigen Gastmählern ein.

Verhältnismässig arm ist das Land an Amphibien.
Aus dieser Thierclasse verdient vor Allem eine Schild-
krötengattung Beachtung, welche ihr Dasein merkwürdiger Weise mitten in den wasserarmen Steppen und
Wüsten fristet. Von Eidechsen gibt es mehrere Species,
unter ihnen wunderbar schillernde, sowie einförmig
braune von bedeutender, mitunter einen Meter über-
steigender Länge. Schlangen sind ungemein selten; blos
harmlose Nattern finden sich hie und da unter Stein-
gerölle und verfallenem Mauerwerke, während das Vor-
handensein einer giftigen Vipernart wohl von einigen
Reisenden angeführt wird, indess nicht nachweisbar ist.
Unken und Frösche sind die einzigen Lurche, welche in
Persien in beträchtlicher Anzahl vorkommen und in Ci-
sternen, Wassergräben und Sümpfen, ganz wie bei uns,
mit Anbruch der Nacht ihre monotonen Concerte anstimmen.
Von Insecten seien zuvörderst die Mosquitos genannt, — die grössten Peiniger der Einheimischen und
der Fremden. Ihre Stiche erzeugen schmerzhafte, böse
Geschwülste, und erst nach längerem Aufenthalte im
Lande kann sich der Ausländer an diese lästigen Quäler
gewöhnen. Heuschrecken suchten in früheren Zeiten das
Perserreich in riesigen Schwärmen heim; doch hat sich
dies schon lange nicht mehr ereignet. Dermalen trifft
man sie nur vereinzelt in manchen Gegenden an, wo
die im Fluge wie Schmetterlinge aussehenden, bunt-
farbigen Thierchen einen sehr hübschen Anblick gewähren. An Faltern und Käfern ist kein übermässiger Reichthum vorhanden, und alle gleichen mehr oder minder
den bei uns vorkommenden Arten.

*   *   *

Eine möglichst gedrängte Schilderung der persischen Fauna wäre hiermit gegeben und es möge im Anhange an dieselbe nur noch eine kurze Beschreibung der königlichen Jagden Aufnahme finden.

Persiens gegenwärtiger Herrscher ist Jäger par excellence. Er schuf ein Jagdschutzgesetz, nach welchem sich alles Standwild von März bis September in der Schonzeit befindet, während Zugwild innerhalb dieses Zeitraumes erlegt werden darf. Königliche Wildparks und Thiergärten gibt es in beträchtlicher Anzahl, und wimmeln dieselben selbstverständlich von den unterschiedlichsten Wildgattungen. Die Jagden des Schah, die in Hinblick auf die erlassene Schonzeitverordnung nie vor September stattfinden, werden stets mit einem kolossalen Aufgebote von Menschen in Scene gesetzt. Der Schah, von grossem, glänzendem Gefolge umgeben, fasst auf dem besten Schiessplatze Posto, und eine unabsehbare Kette von Treibern jagt hierauf das Wild auf ihn zu, von welchem er als vortrefflicher Schütze allein oft an die hundert Stücke erlegt. Moufflons, Gemsen, Steinböcke, Gazellen, Hirsche und Rehwild schiesst er besonders gerne, wogegen Jagden auf Raubzeug nicht nach seinem Geschmacke sind. Auch an der Falkenjagd findet der „König der Könige" grossen Gefallen, und Theilnehmer oder Zuschauer einer solchen zu sein, ist für den Fremden stets ein überaus fesselndes Schauspiel. Der prächtigen Cavalcade des königlichen Hofes voran reitet auf prunkvoll geschirrtem Pferde der Falkner, den an der Kette liegenden und mit der Kappe versehenen Jagdfalken auf der behandschuhten Faust. Ist

von den vorausrevierenden Hunden ein Jagdwild auf-
gescheucht worden, so lässt der Falkner den Vogel
steigen und dieser, des Capuchons und der Kette ent-
ledigt, stosst auf das zum Opfer erkorene Thier. Kleine
Falken finden nur bei Wachtel- und Rebhühnerjagden
Verwendung, grössere stellen jedoch selbst Gazellen und
Hasen. Der Parforcejagd ist der Beherrscher der Perser
nicht hold; doch wird ihr von einigen Grossen des
Reiches in Gemeinschaft mit den im Lande der Sonne
sich aufhaltenden Engländern eifrig gehuldigt, wobei
sich die Pferde der turkomanischen Rasse. die schon
früher Erwähnung fanden, als vorzügliche Renner be-
währen.

IX.

Persiens Handels-, Verkehrs- und klimatische Verhältnisse.

Alle Bestrebungen, Persien, dieses an landschaftlichen Schönheiten, an hoher geistiger Cultur seit grauestem Alterthume überaus reiche, in den letzten Jahrhunderten aber gänzlich vernachlässigte Land in jeder Weise zu heben, ihm in dem Machtkreise der übrigen Länder der Erde eine ehrenvolle Stelle zu erringen, hat, wie schon in einem früheren Abschnitte erwähnt, Persiens Bevölkerung einzig und allein seinem dermaligen Beherrscher zu verdanken. Wie ernst Nassreddin Schah seine Absichten und Pläne, Persien zur alten, ruhmesvollen Blüthe zu erheben, nimmt, davon legen wohl seine mannigfachen, strapazenvollen Reisen nach den verschiedensten Staaten Europas und seine auf Grund derselben in Persien allerorts angebahnten Verbesserungen beredtestes Zeugnis ab. Nassr-eddins Verdienst ist es, Persien nach einer Jahrhunderte langen gänzlichen Abgeschlossenheit energievoll in den europäischen Verkehr wieder eingeführt zu haben. Hatte er zuerst diplomatische Beziehungen, und zwar in erfolg-

reicher Weise, mit allen Staaten Europas, ja sogar mit
Amerika angeknüpft, so errichtete er alsbald persische
Post- und Telegraphenverbindungen, regelte das Münz-
wesen und suchte Projecte zur Erbauung von Eisen-
bahnen nach Persien in thatkräftiger Weise zu beleben.

Heute sehen wir bereits zwei mächtige europäische
Reiche, Russland und England, wenigstens in handels-
politischer Beziehung mit Persien als einen gar gewich-
tigen Factor rechnen und mit allen Mitteln die Ober-
herrschaft über den Handelsverkehr von und nach
Persien anstreben, wobei es für dieses nur ein einziges,
wirklich Segen bringendes Ziel geben kann, sich nicht
in die Arme des im Innern selbst durch und durch faulen
Russlands zu werfen. Schier unerfasslich ist es, warum
Oesterreich, mit seiner als Hauptknotenpunkt Central-
europas für allen orientalischen Handel fungirenden
Reichshaupt- und Residenzstadt, sich nicht lebhafter
am persischen Markte betheiligt. Von einschneidend-
ster Wichtigkeit für alle handelspolitischen Verhältnisse Persiens dürfte wohl des Schah Proclamation
aus dem Frühjahre 1888 sein, in welcher er allen seinen
Unterthanen vollste Sicherheit des Lebens und Eigen-
thums gewährleistete, dermassen, dass sich die Bevölkerung fürderhin vertrauensvoll gewerblichen und Han-
dels-Unternehmungen, welche die Grundlagen aller Civilisation, alles Wohlstandes und Reichthumes bilden,
hinzugeben vermag. Diese Proclamation wurde überdies mit
einem Ferman an alle Provinzgouverneure versehen, worin
denselben die stricteste Darnachachtung bei strengster
Ahndung anbefohlen ward. Durch officielle Ueberreichung

der Proclamation an alle diplomatischen Vertreter wurde
für dieselbe eine geradezu internationale Bedeutung in
Anspruch genommen.

Ein furchtbarer Hemmschuh für den persischen
Handel besteht allerdings derzeit noch immer in den
wahrhaft primitiven Verkehrsverhältnissen im Innern
des Landes, in dem gänzlichen Mangel aller regel-
recht gebahnten Strassen. Jeglicher Transport von
Waaren daselbst vermag ausschliesslich nur im Wege
der Karawanserei besorgt zu werden, und ist solcher
über alle Maßen langwierig, umständlich, beschwerlich
und theuer, wenn auch merkwürdigerweise höchst sicher.
Die Ehrlichkeit und Zuverlässigkeit der Karawanen-
führer ist eine über alle Anzweiflung erhabene, und
werden nicht selten bedeutende Geldsummen, ohne
irgend welche Declaration, in ein zur Beförderung be-
stimmtes Colli mit anderen Waaren eingepackt, wobei
man eines etwaigen Verlustes halber nicht die geringsten Besorgnisse hegt, auch nicht zu hegen Ursache
hat. Um die Umständlichkeit der Beförderung von
Waaren im Innern Persiens zu erweisen, sei bemerkt,
dass alle Waaren in Collis zu siebzig bis achtzig Kilo
verpackt werden müssen, um jedem Lastthiere zur Er-
haltung des Gleichgewichtes zwei solche aufladen zu
können, welche Ladungen auf jeder Station von Neuem
ab- und aufgeladen werden müssen. Hiezu kommen noch
die durch die Ungebahntheit der Wege hervorgerufenen,
sehr zu befürchtenden Gefahren des Sturzes von Thieren
und Waaren, so dass es geradezu wie ein Wunder erscheint, dass sich die Schäden bei derlei Transporten

im Grossen und Ganzen als verhältnismässig sehr geringe erweisen. Der persische Kaufmann gilt als ein Muster von Arbeitslust und Unternehmungsgeist, er verschmäht es nicht, seines Geschäftes halber oft selbst Jahre lang in fremden Ländern zu weilen. Persien besitzt eine sehr ausgedehnte Productionsfähigkeit, es verfügt über eine grosse Anzahl Exportartikel, wie Rohseide, Teppiche, Shawls, Kupfergeräthe, Fayencen, Filigranarbeiten, Damascener-Waffen, Opium, Baumwolle, edle Hölzer, Farbstoffe, getrocknete Früchte, Felle, Hausenblasen und viele andere, und hat auch bereits in klarer Erfassung dessen mit den meisten europäischen Staaten den Handel belebende Verträge abgeschlossen.

Als wichtigster Handelsplatz Persiens muss zweifelsohne Täbris bezeichnet werden, da derselbe nicht nur von der Karawanenstrasse nach Trapezunt und Tiflis, sondern auch vom kaspischem Meere leicht erreichbar ist, und in ihm aller persischer Handelsverkehr den Höhepunkt erreicht. Eine dominirende Stellung hat sich Trapezunt als Stapelplatz für den persisch-europäischen Waarenaustausch errungen, reger Verkehr herrscht in den unter dem Vezierat Mirza-Taghi Khan erbauten Bazar Emir in Teheran, und zeigt diese Stadt als einen für die Zukunft gleichfalls gar nicht zu unterschätzenden Markt an. Der europäische Handel in Persien hat seinen Hauptsitz nach Buschir verlegt. Weitere namhafte Handelsplätze Persiens sind Ispahan, Schiraz, Rescht, Astrabad, Barfurusch, Kerman, Meschhed und Yezd. Als Karawanen-Hauptlinien im Innern Persiens haben zu gelten die Routen: Von der Nordwest-Grenze Persiens bis Teheran, anschliessend an die türkische Linie von Trapezunt aus, in ca. 21 Stationen; von Teheran nach Ispahan, 57 geographische Meilen in beiläufig 10—12 Stationen; von Ispahan nach Schiraz in 12 Stationen; von Schiraz nach Bender Buschir, 37 geographische Meilen in ungefähr 10 bis 11 Stationen; von Teheran nach Meschhed in 24 bis 26 Stationen, berüchtigt durch die zu befürchtenden Ueberfälle der Turkomanen, daher diese Tour nur mit einer grossen Anzahl Theilnehmer und bei starker Bewaffnung unternommen werden kann; von Teheran nach Rescht und Enzeli am Caspisee in 6 bis 7 Stationen; von Teheran nach Bagdad in 24 Stationen; von Teheran nach Mansanderan, mit einem Sommer- und einem Winterweg, in ungefähr 9 Stationen; von Ispahan nach Yezd, 44 deutsche Meilen in 10 Stationen; von Yezd nach Kerman, 52 deutsche Meilen in 12 Stationen; von Kerman gegen Beludschistan, an 45 Meilen, in 11 Tagen zurückzulegen; von Kerman gegen Bender Abbas, an 80 geographische Meilen, in ungefähr 20 Stationen; von Täbris nach Tiflis in 15 Stationen; von Täbris nach Rescht, mit einem wesentlich verschiedenen Sommer- und Winterweg, von welchem ersterer 12, letzterer 22 Tage in Anspruch nimmt; endlich von Täbris nach Bagdad über Kurdisch-Sulimanich in ungefähr 20 Tagen erreichbar. Als Haupt-Reiserouten von Europa nach Persien von Wien aus als Verkehrsmittelpunkt nach dem Orient wären zu bezeichnen: Wien, Constan-

tinopel, Poti, Tiflis nach Täbris; — Wien, Odessa,
Tiflis nach Teheran ; — Wien, Warschau, Smolensk, Sarazin, Astrachan nach Teheran ; — Wien, Astrachan,
Salian nach Täbris; — Wien, Trapezunt, Armenien
nach Täbris; — Wien, Buschir nach dem persischen
Golf. Auf dem kürzesten aber auch kostspieligsten Wege
eine Reise nach dem Innern Persiens ohne erhebliche
Zwischenfälle und Strapazen zu machen, wäre nur
durch Bestellung eines Palankin, einer von Maul-
thieren getragenen Bahre, bei dem Consulate in Rescht
über die Route Sarazin, Astrachan, Enzeli,
Rescht in höchstens 20 Tagen möglich.

Grosser Vorsicht bedarf es bei der Ausrüstung
zu einer Reise nach Persien, da die ungewohnten
klimatischen Verhältnisse dem Europäer, welcher nicht
wenigstens die ersten Jahre seines Aufenthaltes eine
peinliche Sorgfalt in der Beobachtung aller Acclimati-
sationsregeln an den Tag legen sollte, nicht selten
äusserst übel mitspielt. Persiens Klima weist als Hauptmerkmal Geringfügigkeit der Niederschläge auf und
ist in den einzelnen Theilen des Landes ein in vieler
Beziehung wesentlich verschiedenes. Während in etlichen
Strichen der Winter mit furchtbarster Strenge aufzu-
treten pflegt, herrscht in anderen ein ewiger Sommer
mit ununterbrochener wahrhafter Gluthitze, und während
im Norden Persiens die Witterung den jähesten Wechsel-
fällen ausgesetzt ist, erfreut sich der Süden einer aus-
gesprochenen Regelmässigkeit aller klimatischen Erscheinungen. Wahrhaft drückend ist die in den wüsten Küsten-
gegenden bei grossem Feuchtigkeitsgehalte der Luft

ununterbrochen herrschende Sommerhitze. Sonst ist die Luft in Persien überaus trocken, und macht der stets ausserordentlich klare Himmel bei Nacht in herrlichstem Sternenglanze einen überwältigenden Eindruck.

Im Grossen und Ganzen mag Persien immerhin als ein gesundes Land bezeichnet werden, doch lassen die hier sehr darniederliegenden sanitären Einrichtungen Epidemien wie Fieber, Ruhr, Typhus und Cholera leicht zu grosser Ausbreitung fortschreiten. Die grösste Vorsicht bedingt die Wahl und Benützung des Trinkwassers, da dieses in Städten meist in offenen unausgemauerten Rinnen laufend, nicht selten Friedhöfe durchschneidet und arge Krankheitskeime mit sich führt. Einen grossen sanitären Uebelstand bildet die im Oriente leider nur allzuhäufig und allerorts, und somit auch in Persien anzutreffende grosse Unreinlichkeit in den Städten, sowie die hier gewohnheitsmässige Verlegung der Friedhöfe mitten in das Weichbild derselben, sogar ohne irgend welche Umzäunung. Der Aufenthalt im Spätsommer und in der ersten Zeit des Herbstes, während welcher Epidemien in Persien am stärksten auftreten, in höher gelegenen Dörfern, sogar auf Bergen unter Zelten, wo bei einer Höhe von über 2000 Metern vollste Immunität herrscht, wird zur gebieterischen Nothwendigkeit, ja ein solcher länger andauernder, oft zur einzigen Rettung bei besonders hartnäckigen Erkrankungsfällen an den verschiedensten Fiebererscheinungen, Ruhr und dergleichen. Ein Versetzen des Trinkwassers mit einem schwachen Aufgusse chinesischen Thees, das überdies, namentlich zur Sommerszeit, ein vorzügliches Mittel zur Löschung ver-

zehrenden Durstes bildet, ein ununterbrochenes Beisich-
tragen etlicher Dosen Chinin gegen Ruhr und Fieber-
anfälle, richtige Wahl der Wohnung, so weit wie möglich von Friedhöfen entfernt, stets in Stockwerken, nie
zu ebener Erde gelegen, insbesonders dann nicht, wenn
sich im Hofraume ein Bassin stehenden Wassers befindet, wodurch Fiebererscheinungen herbeigeführt
werden, zeigt sich geradezu als ein Ausfluss des Selbst-
erhaltungstriebes unbedingt geboten.

Eine Krankheit Eingewanderter in der ersten Zeit
ihres Aufenthaltes bildet der Aleppoknoten, welcher
jedoch, gänzlich ungefährlich, binnen Jahresfrist von selbst,
durch Aetzen mit concentrirter Salpetersäure aber auch
schon früher und sogar bisweilen rasch heilt. Wer in
weiser Erkenntnis der Verhältnisse, denselben Rech-
nung tragend, einer vernünftigen Acclimatisation zu-
strebt, in mässiger Lebensweise namentlich localen
Schädlichkeiten aus dem Wege geht, sich vor allzu
grossem Sonnenbrande hütet, der vermag wohl auch in
Persien seinen Körper auf lange Jahre hinaus gesund
und arbeitskräftig zu erhalten.

X.

Die Reisen des Schah.

In dem arg verdüsterten Wiener Jubeljahre 1873,
dem Marksteine eines neuen, erhöhten geistigen Auf-
schwunges, war es gewesen, dass diese Stadt zum ersten
Male Nassr-eddin Schah, den mächtigen Beherrscher
eines der ältesten Staaten der Erde, in seinen Mauern
gastlich beherbergte. Schon viele Wochen vorher hatte
sich die Kunde von der Ankunft jenes morgenländischen
Fürsten, der eine unsagbar strapazenvolle, schier endlose Reise aus fernsten Landen nicht gescheut, um seinem
Reiche die Segnungen geordneter europäischer Cultur-
und Staatsverhältnisse nach persönlicher Anschauung zu
vermitteln, in der Wiener Bevölkerung verbreitet und
die allgemeine Neugierde war aufs Aeusserste gespannt.

Und doch fehlte es an Interessantem und Beachtens-
werthem nicht. Ein Zusammenfluss aller Nationen der
Erde wogte unausgesetzt Tag für Tag durch die Strassen
der Stadt, und wer den Ausstellungsraum betrat, er sah
das Leben und Treiben der gesammten Welt unserer Tage,
ihre Bestrebungen auf allen Gebieten der Industrie, des
Handels und Verkehres, der Künste und Wissenschaften

mit einem Schlage allumfassend vor seinem geistigen
Auge ausgebreitet.

Inmitten dieses geradezu betäubenden kaleidos-
kopischen Gewirres erblickte man ein Haus, wie es der
Europäer bisher nicht zu sehen Gelegenheit gehabt. Ein
ganzes persisches Gebäude, im feinsten Geschmacke dieses
Landes mit aller Pracht seiner Architektonik, namentlich
in wunderbarer Spiegelglasornamentik, letztere von
Nassr-eddin erfunden und in Persien eingeführt,
war auf dem Ausstellungsplatze als sinnige Ueberraschung
für den Schah durch Hussein Ali im Auftrage der
Grossen Persiens unter Mitwirkung von Mirza-Petros-
Khan, Dr. Polak, dem massgebendsten europäisch-
persischen Gelehrten und Anderen, als Erholungsstätte
während der Rundgänge des Monarchen in der Ausstellung, aber natürlich auch dem Publicum zur Besichtigung offen, errichtet worden. Vor dem Hause erhob sich das schon in den Tagen Tamerlans und
Nadirs, ja selbst in jenen des Cyrus und Darius
bekannte, sogar im Buche Esther des alten Testamentes
erwähnte, in der Geschichte Persiens eine jederzeit
hochwichtige Rolle spielende, persische Königszelt. Seit
den Tagen grauesten Alterthums seiner traditionellen
Form stets gleich geblieben, lag das Zelt um einen
mächtigen Mittelpfahl mit sechzehn Paar Schnüren in
weissen, weiss und blauen, weiss und rothen, rothen,
roth und blauen Farben gespannt, in berückender, wahrhaft orientalischer Pracht der Ausstattung vor dem Beschauer. Aus starker, feinst gewebter Baumwolleinwand
errichtet, mit aussen aus blauen Stoffen aufgenähten

Ornamenten verziert, im Innern alle Wandvorhänge
sowie das Giebeldach mit schwerem Atlas gefüttert,
trotzt das Zelt, vermöge seiner eigenthümlichen Bau-
weise, siegreich auch den ärgsten Stürmen, und vermag
bei herabgelassenen Vorhängen auch nicht ein Lüftchen
in dasselbe einzudringen. Das Zelt, in drei Theile, dem
Speisesaal, um den das ganze Gebäude stützenden Pfahl
gelegen, das Schlaf- und Badegemach getheilt, binnen
wenigen Minuten aufstellbar, ist für die persische Rechts-
pflege seit urältester Zeit von grösster Bedeutung. Alljährlich in weiten Steppengebieten unter Wüstenkohorten
und Wanderstämmen, zwischen welchen Streitigkeiten
fast unausgesetzt zu herrschen pflegen, wird dasselbe
aufgeschlagen und unter diesem der von den Stämmen
angerufene, unanfechtbare Rechtsspruch des Schah gefällt.

Im Schlosse Laxenburg, der dem Schah während
seines ersten Aufenthaltes in Wien angewiesenen Residenz,
wurden unausgesetzt Zurüstungen für die Bequemlichkeit der Gäste getroffen und nur in den dem Schah
zum eigentlichen Aufenthalte bestimmten Wohngemächern
des Kaisers und der Kaiserin im „blauen Hofe" liess
man Alles unverändert, weil man hoffte, durch die in
denselben herrschende schmucklose, aber unbeschreiblich
vornehme Eleganz das Gefühl angenehmster Behaglichkeit bei dem hohen Gaste hervorzurufen. Am 30. Juli
gegen acht Uhr Abends war derselbe endlich in Wien
angelangt und machte seine wirklich königliche Erscheinung mit der pompösen, zu beiden Seiten der Brust,
am Gürtel und am Krummsäbel mit grossen Diamanten
und Edelsteinen besetzten, vom Golde strotzenden, per-

sischen Nationalkleidung einen wahrhaft überwältigenden
Eindruck auf die in unabsehbaren Schaaren herange-
zogene Bevölkerung. Vom Kaiser, den Erzherzogen,
Ministern und Spitzen der Behörden festlich empfangen,
hatte der Schah am Bahnhofe, von den ihm entgegen
gebrachten Sympathien freudigst bewegt, den damals
jugendlichen, heute leider schon zu den Entschlafenen
zählenden Kronprinzen mit beiden Händen liebkosend
am Kopfe gefasst und wiederholt herzlich auf die Stirne
geküsst. Der Einzug in Wien, die Fahrt nach den Welt-
ausstellungsräumlichkeiten mit dem in Gold und Edelsteinen erstrahlenden Gefolge, bestehend aus zahllosen
Würdenträgern, wie Sultan Murad Mirza, Prinz
Abdul Samed Mirza, dem Stiefbruder des Schah,
dem Grossvezier Hadji-Mirza-Hussein Khan,
dem persischen Generalcommissär Mirza Petros Khan,
dem Oberzeremonienmeister Muhamed-Rasim Khan
und vielen anderen, der Rundgang, während welchem
ihm Diener allerlei Requisiten wie Sonnenschirm, Tschibuk,
Kohlenpfanne, Teppichtasche, Theeservice etc. nach persischer Sitte ununterbrochen nachzutragen hatten, zählte
zu den interessantesten Ereignissen jenes Jahres.

Hatte sich der Schah in regstem Interesse für
abendländische Cultur alsbald an europäische Sitten zu
gewöhnen gewusst, so war es sein damals nicht sonder-
lich glücklich gewähltes, unteres Gefolge, welches
während des ganzen Aufenthaltes alsbald das Gespräch
der ganzen Stadt bildete. Aber schon fünf Jahre später,
bei seinem zweiten Aufenthalte in Wien, war der Schah
inmitten seines nunmehr in abendländische Gesittung

vollkommen eingeführten Conseils ein lebender Beweis,
wie sehr es diesem Herrscher gelungen, sein Ziel, europäische Cultur nach Persien zu tragen, zu erreichen. Hatte
zur Zeit seines ersten Aufenthaltes der Glanz der Weltausstellung, der Besuch und die Besichtigung der kaiserl.
Lustschlösser, die Abhaltung von Festivitäten, unter
diesen insbesonders hervorzuheben eine solche in Schön-
brunn, bei feenhafter Beleuchtung mit Feuerwerken,
Militärmusiken u. dergl., den Schah gänzlich in Anspruch genommen, so konnte er sich anlässlich seines
zweiten Besuches der österreichischen Kaiserstadt im
Jahre 1878 vollständig seinem eigentlichen Reiseziele,
dem Studium europäischer Einrichtungen widmen. Während sich der Schah im Weltausstellungsjahre namentlich
für die Verkehrsverhältnisse, Prachtbauten, in der Ausstellung selbst aber insbesonders für die seinem eigenen
Lande ureigenthümlichen Erzeugnisse der Goldschmiede-,
Glas-, Fayence- und Porzellan - Industrie interessirte,
suchte er sich während seines zweiten Aufenthaltes in
alle wissenswerthen Zweige modernen Fortschrittes ein-
weihen zu lassen. Er besuchte, damals mit seinem
Hofstaate in die noch überdies besonders prächtig adap-
tirten Gemächer des Leopoldinischen Tractes der kaiser-
lichen Hofburg einlogirt, alle hervorragenden Kunst-
und Antiken-Sammlungen, zeigte regstes Interesse an
der Waffenfabrication in den Werkstätten des k. k. Arse-
nals, für alle Industrie-, Handels- und Verkehrs-Einrich-
tungen, insbesonders für die hohe Berge so leicht zugänglich machende Erfindung der Zahnradbahn, be-
stellte sich bei der österr. Regierung Waffen etc.

nach neuestem Systeme zur Reorganisirung seiner Armee,
erbat sich die Zuweisung österr. Beamten zur Einrichtung eines geregelten Polizeiwesens nach europäischem
Muster, unterhandelte mit Kunsthändlern über die Er-
richtung einer Gemäldegalerie in Teheran, ja er liess
sogar Nähmaschinen in sein Reich führen, um dieses
mit jener anscheinend geringfügigen, aber gar nicht
zu unterschätzenden Errungenschaft unserer Tage bekannt zu machen, und bewies seine Bewunderung für
österreichische Wagen-Industrie durch Anschaffung eines
herrlichen Glasgalawagens in Wien.

Aber auch die mächtig aufblühende Metropole
unseres deutschen Nachbarreiches erregte das Interesse
und die Theilnahme des morgenländischen Monarchen
in hohem Grade. Von St. Petersburg kommend, wo
ihm, wenn man wohlinformirten Gewährsmännern glauben darf, der Aufenthalt nicht besonders zugesagt hat,
trotzdem an äusserer Pracht Alles aufgeboten worden
war, was geeignet schien, ihn zu befriedigen, begab
sich der Schah nach Berlin, den jungen Träger der
deutschen Kaiserkrone zu begrüssen. Mit welch' reichem
Aufwande von Prunk und fürstlichen Ehren, mit welch'
grosser, den zurückhaltenden Norddeutschen doppelt
anzurechnender Liebenswürdigkeit, man es in Berlin ver-
steht, bei solchen Gelegenheiten Gastfreundschaft zu
üben, hat man in der letzten Zeit wiederholt Gelegenheit gehabt, zu erfahren. Auch diesmal fehlte es daran
nicht, und als der Schah Berlin verliess, um sich über
Brüssel nach London zu begeben, trat er, begleitet von
den besten Erinnerungen an Kaiser Wilhelm II., seinen

Hof und das deutsche Volk, die Reise an; Erinnerungen, die bei seinen weiteren Besuchen in Deutschland — bei der grossherzoglichen Familie von Baden, in Stuttgart und beim Prinzregenten von Baiern — sicherlich noch tiefer in sein Gemüth eingeprägt wurden.

Dass England und die Riesenstadt London es an Gastlichkeit und Aufmerksamkeit gegenüber Nassr-eddin, als er seine Reise von Berlin dahin lenkte, nicht fehlen liessen, ist selbstverständlich, umsomehr, als ja das handelsfleissige Inselreich mit Persien seit Langem die regsten Beziehungen unterhält. Paris war die nächste Etappe der grossen Europareise des iranischen Fürsten. Von der französischen Regierung mit grossen Ehren empfangen, von der Bevölkerung aufs Lebhafteste bewillkommt, wurde er nicht nur der Mittelpunkt glanzvoller officieller Festlichkeiten, sondern er bekundete auch allerorten sein reges Interesse für die Errungenschaften abendländischer Cultur, zu deren Studium ihm die Weltausstellung eine besonders günstige Gelegenheit bot.

*   *   *

Zum dritten Male hat es Nassr-eddin Schah zum Wohle seines Landes unternommen, Europa in seinen wichtigsten Staaten zu bereisen, wobei er abermals die Mühe nicht scheut, alle sich ihm aufdrängenden Wahrnehmungen, Beobachtungen und Eindrücke in unmittelbarer Frische in ein Tagebuch niederzuschreiben.

Wie dies bei den Tagebüchern der früheren Reisen, die bereits in fünf reich illustrirten Bänden in Persien, Indien und der Türkei erschienen sind, der Fall war, werden auch sie nach der Rückkehr des Schah in die Heimat der Oeffentlichkeit übergeben werden.

Möge es dem Monarchen gegönnt sein, Persien, das Reich seiner Väter, zu alter Ruhmesblüthe zu erheben; seinen Völkern zu Glück und Wohlfahrt zu verhelfen; möge sein edles Streben von nachhaltigem und reichem Erfolge gekrönt sein.

Genossenschafts-Buchdruckerei, Wien, IX. Alserstrasse 41

Quellenstudium.

Prof. A. Müller, Der Islam im Morgen- und Abendlande. Berlin 1887.

Gutschmid, Geschichte Irans und seiner Nachbarländer. Tübingen, 1888.

Tomaschek, Zur historischen Topographie von Persien. Wien, 1883—1885.

Dr. J. E. Polak, Persien und seine Bewohner. Leipzig. 1865.

Aus Persien. Aufzeichnungen eines Oesterreichers. Wien, 1882.

Prof. Vámbéry, Reisen in Mittelasien. — Skizzen aus Mittelasien.

Dr. Gust. Radde, Reisen an der persisch-russischen Grenze.

Dr. Freih. v. Thielmann, Streifzüge im Kaukasus, in Persien etc.

Petermann, Reisen in den Orient, Leipzig 1861.

Brugsch, Reise der preussischen Gesandtschaft nach Persien. 1862.

Nöldeke, Aufsätze zur persischen Geschichte. Leipzig, 1887.

Im Lande der Sonne. Berlin. 1886.

Dr. J. E. Polak, Officieller Wiener Weltausstellungsbericht. XIV. Band. Wien. 1873.

Prof. Vámbéry, Der Islam im 19. Jahrhunderte.

Tagesblätter der Jahre 1873, 1878 und 1889.

www.ingramcontent.com/pod-product-compliance
Lightning Source LLC
Chambersburg PA
CBHW031441270326
41930CB00007B/811